尊重进阶课程的设计与实施

德育一体化课程建设的实践与探索

张广利　编著

电子工业出版社

Publishing House of Electronics Industry

北京·BEIJING

未经许可，不得以任何方式复制或抄袭本书之部分或全部内容。
版权所有，侵权必究。

图书在版编目（CIP）数据

尊重进阶课程的设计与实施：德育一体化课程建设的实践与探索 / 张广利编著. —北京：电子工业出版社，2024.3
ISBN 978-7-121-47601-3

Ⅰ.①尊… Ⅱ.①张… Ⅲ.①德育－课程建设－研究－小学 Ⅳ.①G621

中国国家版本馆 CIP 数据核字（2024）第 064693 号

责任编辑：仝赛赛
印　　刷：北京虎彩文化传播有限公司
装　　订：北京虎彩文化传播有限公司
出版发行：电子工业出版社
　　　　　北京市海淀区万寿路 173 信箱　邮编：100036
开　　本：720×1000　1/16　印张：12　字数：288 千字
版　　次：2024 年 3 月第 1 版
印　　次：2024 年 3 月第 1 次印刷
定　　价：45.00 元

凡所购买电子工业出版社图书有缺损问题，请向购买书店调换。若书店售缺，请与本社发行部联系，联系及邮购电话：(010) 88254888，88258888。
质量投诉请发邮件至 zlts@phei.com.cn，盗版侵权举报请发邮件至 dbqq@phei.com.cn。
本书咨询联系方式：(010) 88254510，tongss@phei.com.cn。

序

党的二十大提出：以中国式现代化全面推进中华民族伟大复兴。这既是新时代国家发展的重大主题，也是对我国教育的高质量和现代化发展提出了新的要求。近年来，我国在学校教育改革过程中不断强化"高质量发展"这一目标，积极探索体现现代化发展且符合中国实际的教育发展路径。2019年6月，国务院办公厅印发了《关于新时代推进普通高中育人方式改革的指导意见》，要求普通高中基本形成多样化有特色发展的格局；随后，中共中央、国务院印发《关于深化教育教学改革 全面提高义务教育质量的意见》。应该说，我国基础教育已经进入一个新的发展阶段，这个阶段的突出特征就是鼓励中小学校积极推动改革与创新，积极发展素质教育，通过改革与创新实现新的发展愿景。在这一时代精神的感召下，千千万万所中小学校行动起来，积极寻求学校发展的特色，探索育人的新方式，开创了基础教育发展的新格局。

北京教育科学研究院丰台学校是千千万万所学校中的一所。在张广利校长的带领下，确定了"在普通社区办不普通的教育"的办学定位，提出了"尊重教育"的办学理念、"尊道敬学、立己达人"的校训和"有理想、有本领、有担当的'尊道敬学、立己达人'的阳光少年"的培养目标，并将实施"尊重教育"作为推进课程改革的理论依据和行动基点。在教育教学实践过程中，该学校积极落实立德树人的根本任务，着力发展学生核心素养，在课程建设和教学创新方面不断探索，取得了显著成效。2017年，该学校编制了《北京教育科学研究院丰台学校课程建设方案》，对国家课程、地方课程和校本课程进行了有机整合，基于特色化的办学理念和育人目标确立了尊重教育课程体系。2022年，教育部印发了《义务教育课程方案（2022年版）》和各科课程标准，该学校积极落实新一轮义务教育课程标准，将重大主题教育与课程教学深度融合，对既有的"尊重教育"课程进行了迭代升级，着力打造新的尊重教育课程体系，以更好地实现义务教育阶段的育人目标，培养有理想、有本领、有担当的时代新人。

为加强九年一体化的德育课程建设，2018年，北京教育科学研究院丰台学校的领导班子基于学校构建的尊重教育课程体系提出了构建尊重进阶课程的设想，并专门成立了研发团队。我有幸被聘为研发与实施该课程的专家。几年来，我多次和该校教师一起讨论，共同探索该课程的主题和内容，并多次深入课堂听课、研讨。经过几年的努力，可以说取得了阶段性的研究成果。该书就是对这一阶段性研究成果进行系统化梳理的成果。该书主要探讨了该校特色课程——尊重进阶课程的总体目标和研发策略；阐述了如何结合学校的具体情况对尊重进阶课程进行一体化设计；重点探讨了尊重进阶课程的实施路径，并从尊重自我、尊重他人、尊重社会、尊重自然四个基本维度选取典型案例进行了分析。该书还探讨了尊重进阶课程的评价问题及课程实施的保障机制。该书是北京教育科学研究院丰台学校多年来推动学校课程建设，尤其是特色课程建设的经验总结和升华，充分体现了该校教师团队的教育教学智慧。通过该书，读者可以深入理解"尊重教育"的真谛，并从该校的课程实践中借鉴优秀经验，以更好地推进学校课程创新。

是为序。

杨明全　北京师范大学教授、博士生导师

2023 年 8 月

目录

第一章 尊重进阶课程研发的背景与依据 ……………………………… 001
 第一节 尊重进阶课程的相关研究 ………………………………… 001
 第二节 尊重进阶课程研发的背景 ………………………………… 004
 第三节 尊重进阶课程研发的基本依据 …………………………… 006

第二章 尊重进阶课程建设的总体目标与策略 ………………………… 009
 第一节 尊重进阶课程建设的理念与总体目标 …………………… 009
 第二节 尊重进阶课程建设的策略与基本特征 …………………… 012

第三章 尊重进阶课程的一体化设计 …………………………………… 014
 第一节 尊重进阶课程的教育主题设计 …………………………… 014
 第二节 尊重进阶课程的主题分布 ………………………………… 018
 第三节 尊重进阶课程的内容设计 ………………………………… 022
 第四节 尊重进阶课程的课时安排 ………………………………… 031

第四章 尊重进阶课程的实施路径 ……………………………………… 034
 第一节 尊重进阶课程的实施 ……………………………………… 034
 第二节 尊重进阶课程的实施实例 ………………………………… 036

第五章 "尊重自我"维度的尊重进阶课程案例 ……………………… 040
 第一节 小学主题班队会尊重进阶课程 …………………………… 040
 第二节 小学科学尊重进阶课程 …………………………………… 044
 第三节 小学道德与法治尊重进阶课程 …………………………… 048
 第四节 心理健康教育尊重进阶课程 ……………………………… 055
 第五节 初中主题班队会尊重进阶课程 …………………………… 060

第六章　"尊重他人"维度的尊重进阶课程案例 ·············· 065

- 第一节　小学主题班队会尊重进阶课程 ·············· 065
- 第二节　小学道德与法治尊重进阶课程 ·············· 072
- 第三节　初中体育与健康尊重进阶课程 ·············· 079
- 第四节　心理健康教育尊重进阶课程 ·············· 085
- 第五节　初中数学尊重进阶课程 ·············· 089

第七章　"尊重社会"维度的尊重进阶课程案例 ·············· 098

- 第一节　幼小衔接尊重进阶课程 ·············· 098
- 第二节　初中主题班队会尊重进阶课程 ·············· 103
- 第三节　初中跨学科主题教育尊重进阶课程 ·············· 108
- 第四节　初中历史尊重进阶课程 ·············· 114

第八章　"尊重自然"维度的尊重进阶课程案例 ·············· 120

- 第一节　小学劳动教育尊重进阶课程 ·············· 120
- 第二节　小学美术尊重进阶课程 ·············· 127
- 第三节　小学英语尊重进阶课程 ·············· 134
- 第四节　初中地理尊重进阶课程 ·············· 141
- 第五节　初中英语尊重进阶课程 ·············· 146

第九章　尊重进阶课程的实施评价 ·············· 153

- 第一节　尊重进阶课程的评价原则 ·············· 153
- 第二节　尊重进阶课程的评价方法 ·············· 155
- 第三节　尊重进阶课程的评价案例 ·············· 157

第十章　尊重进阶课程实施的保障机制 ·············· 167

- 第一节　营造尊重进阶课程实施的氛围 ·············· 167
- 第二节　尊重进阶课程实施的资源支持 ·············· 169
- 第三节　推动教师专业能力建设 ·············· 172
- 第四节　机制创新提供的制度保障 ·············· 178

后记　尊重进阶课程建设永远在路上 ·············· 180

参考文献 ·············· 183

第一章

尊重进阶课程研发的背景与依据

2022年4月,教育部印发了《义务教育课程方案(2022年版)》和各科课程标准,要求2022年秋季开始全面实施。新一轮义务教育课程方案提出了"课程育人"的新理念,致力于推动育人方式的变革,强调落实立德树人根本任务。这对学校义务教育阶段的教育改革与发展提出了新的挑战。北京教育科学研究院丰台学校(以下简称我校)建校以来积极落实新时代党的教育方针和国家课程改革的政策要求,结合实际创造性地提出了"尊重教育"的办学理念和"有理想、有本领、有担当的'尊道敬学、立己达人'的阳光少年"的培养目标。我校在办学实践中,积极探索具有"尊重教育"特色的发展之路。经过近几年的研究与实践,初步形成了四维度、三进阶的尊重进阶式一体化主题教育活动特色课程,简称尊重进阶课程,这体现了我校的"尊重教育"特色,为全面加强我校一体化的德育课程建设提供了一个很好的载体。

第一节 尊重进阶课程的相关研究

一、国外相关研究

皮亚杰认为,尊重本质上是把他人看作一个不同于其他个体的人,并把他人看作一个独立的整体,同时要认识到他人身上的价值。因此,尊重的主体必须是人,必须是具备正常的理性和情感意识的个体,该个体能够基于自身对事物做出评价,并能对周围的人或事表达观点。然而,尊重的客体可以是人,也可以是各种各样的对象,如动物、植物、书籍等,还可以是抽象的概念,如法律、知识、隐私、劳动成果等。

尊重进阶课程是我校的主题课程。在国外,很多学校都在开展主题课程,特别是美国。20世纪60年代,后现代主义理论在教育领域产生了一定的影响,这一理论认为学科之间不应该有明显的界线。这促进了课程的整合，为主题课程的发展奠定了一定的理论基础。美国教育家苏珊·J·科瓦利克（Susan .J. Kovalik）于1982年成立研究小组，首次提出了"整合主题模式"课程，主张围绕"主题"实施课程。

澳大利亚有学者认为：国家应将权力下放给地方学校，学校应在国家现有的框架下，根据自己的特点制定具体的主题课程教学内容、教学考核形式等，目的在于培养学生的个性，使学生与教师共同参与主题课程。

21世纪以来，主题课程的概念日益为人们所接受，很多国家对主题课程进行了新的探索，从而产生了多种形式的主题课程，比如法国的"研究学习"、韩国的"研究生活"和日本的"幸福生活"等课程。日本还在新的课程体系中设置了"综合学习时间"，以寻求"多个学科的综合学习"。总的来说，在理论和实践两个层面，各个国家的主题课程研究均取得了丰硕成果。

二、国内相关研究

北京师范大学的社会科学基金（教育类）项目《尊重平等教育与德育改革》从多个方面证实了在我国当前的基础教育条件下，实行"尊重、平等教育"的重要性、迫切性和可行性。基于实证研究，该项目基本形成了尊重平等教育理论，包括实施尊重平等教育、教师的自我教育、德育的自我—他人模式、人格全面和谐发展教育、激趣·启思·导疑、将态度学习置于重要地位、加强外控·引导内控、我们的教育理想这八个方面。其中对尊重平等教育的阐释和实施尊重平等教育的具体措施具有较强的创新性，对丰富和发展德育理论具有重要意义。

主题教育依赖于主题教育活动，主题教育活动通常是指利用班会、校会时间和业余时间开展的，预先进行主题内容设计的德育活动，如主题班队会、心理剧活动、参与式讲座、主题辩论、开放咨询活动、主题社会实践活动等。在"中国知网"中以"主题教育活动校本课程研究"作为关键词进行搜索，仅有2篇文献，均为期刊。其中一篇是讲如何运用单个主题活动微课案例践行德育校本课程；另一篇选取了从学科校本课程研发的角度融入德育主题活动的案例。现有文献中，主题教育活动课程大部分是学科类的，例如综合实践活动课程、人工智能活动课程等。对于德育类主题教育活动课程，其系统性的归纳较少，课程体系不够深入，研究党组织领导的尊重进阶课程的设计与实施策略的文献较少。

目前，我校"尊重教育"理念下的主题教育活动课程的系列主题和相关设计方案为育人工作提供了有力支持。然而，随着《义务教育课程方案（2022年版）》的实施，核心素养的培养更加聚焦。因此，我们需要根据2022年版新课程方案的要求，对"尊重教育"理念下的主题教育活动课程进行进一步的研究和梳理。同时突出我校的"尊重教育"理念和学段进阶特点，通过研究和梳理，形成尊重进阶课程的顶层设计，并明确实施路径与策略，以提高核心素养背景下的育人效果。

三、相关核心概念的界定

（一）尊重教育

尊重教育通常是指教育者对受教育者给予信任和尊重，以帮助受教育者树立自尊、自爱、自信的心态，进而促进其健康成长的一种主题教育方法。本书中所讲的尊重教育是素质教育的一种育人模式，强调教育要从尊重受教育者的人格尊严和个性差异出发，承认与接纳差异，发现与研究不同，正视与成就发展，激发每一个受教育者的潜能，使其形成坚定的理想信念、自主自信的主体精神和支撑其未来发展的必备品格和关键能力（核心素养）。

尊重教育的核心就是尊重教育教学规律，特别是尊重学生身心发展的顺序性、阶段性、不平衡性和差异性。要实现尊重教育，既要尊重有特殊天赋的学生，也要尊重学习表现不佳的学生，目的是培养学生的创新精神和实践能力，使学生富有生活的勇气、向上的热情、创造的激情和社会责任感。尊重教育的本质是提供适合学生发展需要的教育。

（二）尊重进阶主题教育活动

所谓"进阶"，是指层次或等级的提高。例如，"学习进阶"指的是思维的进阶，强调思维的发展过程，即由低层次认知思维向高层次认知思维的转变。北京师范大学刘恩山教授等将"学习进阶"定义为："对学生在各学段学习同一主题的概念时所遵循的连贯的、典型的学习路径的描述，一般呈现为围绕核心概念展开的一系列由简单到复杂的、相互关联的概念序列。"因此，我们可以将"尊重进阶主题教育活动"的概念总结为：以彰显"尊重"理念为活动要旨，在了解学生的学习方式和理解知识的方式的基础上，研发并设计出连贯的、典型的主题教育活动，以促进学生在连续的活动体验中接受教育，形成价值认同感。

（三）尊重进阶主题教育活动课程（尊重进阶课程）

活动课程，也称经验课程或设计课程。主要以学生的兴趣为基础，相对于系统的学科知识课程而言，更侧重于学生的直接经验。这种课程的主要特点在于动手"做"，让学生手脑并用，亲身体验现实生活以获得直接经验。尊重进阶课程是指按照国家规定的核心素养和育人目标，结合我校"尊重教育"的办学理念，从低年级到高年级，分学段、分主题开设的教育活动课程，旨在让学生通过活动体验发展核心素养。

第二节 尊重进阶课程研发的背景

一、尊重进阶课程研发的政策背景

2019年6月,中共中央、国务院发布了《关于深化教育教学改革 全面提高义务教育质量的意见》,其中提出了"坚持立德树人,着力培养担当民族复兴大任的时代新人"的重要命题。该意见强调"坚持'五育并举',全面发展素质教育",对义务教育阶段的发展提出了新的要求。2021年7月,中共中央办公厅、国务院办公厅印发了《关于进一步减轻义务教育阶段学生作业负担和校外培训负担的意见》(简称"双减"政策)。该政策要求义务教育阶段的中小学校全面压减作业总量和时长,减轻学生过重作业负担,提升学校课后服务水平,满足学生多样化的发展需求。与国家教育政策相一致,北京市近年来也积极推动首都教育的改革与发展。2021年9月,北京市教育委员会印发《北京市"十四五"时期教育改革发展规划(2021—2025年)》,提出:到2025年,全面构建首都高质量教育体系,实现更高水平、更具影响力的教育现代化,培养具有家国情怀、首都气派、国际视野、创新精神的高素质人才,努力让每个孩子都享有公平而有质量的教育,让每个学习者都有人生出彩的机会。《义务教育课程方案(2022年版)》提出:有机融入社会主义先进文化、革命文化和中华优秀传统文化,以及法治、国家安全、民族团结、生态文明、生命安全与健康等教育内容,反映科技进步新成果、经济社会发展新成就,特别是马克思主义中国化最新成果,引导学生树立正确的世界观、人生观、价值观。这要求全面落实"立德树人"根本任务、促进学生核心素养发展,尤其是通过重大主题教育的融合培养学生的正确价值观、必备品格、关键能力及其他综合素养。2022年9月初,北京市教委印发《北京市义务教育课程实施办法》,强调立足"四个中心"的首都功能建设,积极落实义务教育课程改革和国家课程标准,强调"学校要发挥党组织领导作用,健全课程建设与实施机制,提升课程实施能力""注重知识学习与价值教育有机融合,发挥每一个教学活动多方面的育人价值"。

因此,将主题教育融入课程与教学,是当前中小学校面临的一个重要挑战。显然,进入新时代,政府对义务教育的发展提出了更高的要求,并设定了新的发展愿景。我校领导干部和广大教师深刻领会了国家教育政策导向和北京市教育改革的要求,以实际行动来落实新时代的政策要求和改革理念,并在立德树人这一根本任务的落实方面不断取得新的突破。

在新一轮的义务教育课程改革和高质量教育体系建设的大背景下，我校积极回应新时代教育发展的新理念和新要求。我们以学校课程建设为突破口，对办学中的两大课题进行探索和整合：一是继续总结和提炼"尊重教育"的办学经验，出版了《尊重教育的生成与发展》一书，推动了"尊重教育"理论与实践的不断进阶，实现了"尊重教育"办学特色的升级和迭代；二是落实了国家对于重大主题教育的相关要求，在课程教学中有机融入了社会主义先进文化、革命文化和中华优秀传统文化，以及法治、生命安全与健康等教育内容。这样做旨在发展学生正确的价值观，在广大学生心中铸牢中华民族共同体意识。

为了实现尊重教育和重大主题教育的有机融合，我们将尊重进阶课程与重大主题教育活动课程进行了一体化设计，以此形成了我校新的特色化课程方案，将"尊重教育"理念与课程改革的新要求加以整合。我们的目标是为培养有理想、有本领、有担当的时代新人奠定基础。

二、尊重进阶课程研发的校本背景

我校是丰台区政府与北京教育科学研究院合作建立的一所九年一贯制公办学校，于2014年1月筹建，2015年6月正式招生，2015年9月借址开学。2016年3月14日正式迁入阳光星苑校区办学，2020年7月南苑一小合并到我校，2022年2月28日学校正式启用南庭新苑校区，2023年7月接收了南苑中学的所有学生和部分教师。目前，我校在"六三学制"的背景下实施了"五四"分段管理，即1～5年级在阳光星苑校区，6～9年级在南庭新苑校区。自办学以来，我校秉持"在普通社区办不普通的教育"的办学定位，确立了"尊重教育"的办学理念和"有理想、有本领、有担当的'尊道敬学、立己达人'的阳光少年"的培养目标。

我校开展了尊重教育育人模式的整体改革，通过实施尊重教育行动研究，探索综合化课程的实施，逐步构建了由"基础型、拓展型和个性化课程"组成的尊重教育课程体系。在课程实施过程中，教师们坚持从尊重学生的人格尊严和个性差异出发，"承认与接受差异，发现与研究不同，正视与成就个性"，从而激发每个学生的潜能，逐步培养学生自主自信、积极向上的人格特征，以促进每个学生实现更好的发展。

为加强九年一体化的德育课程建设，结合我校构建的尊重教育课程体系，2018年初，我们提出并启动了尊重进阶课程的研发工作。2018年6月，我校研制了《北京教育科学研究院丰台学校"尊重教育"特色课程纲要》，以此指导尊重进阶课程的研发与实施工作。经过近几年的研发与实践探索，初步形成了四维度、三进阶的尊重进阶课程体系。

第三节　尊重进阶课程研发的基本依据

尊重进阶课程的研发必须贯彻新时代党的教育方针，落实立德树人的根本任务，遵循核心素养导向，按照我校"尊重教育"的办学理念和育人目标制定课程建设的目标、任务与评价等，着力建设具有本校特色的德育一体化课程。

一、基于新课程标准的实施要求

《义务教育课程方案（2022年版）》明确提出：坚持正确的政治方向和价值导向，加强思想性。有机融入社会主义先进文化、革命文化和中华优秀传统文化，以及法治、国家安全、民族团结、生态文明与健康等教育内容，反映科技进步新成果、经济社会发展新成就，特别是马克思主义中国化最新成果，引导学生树立正确的世界观、人生观、价值观。这一要求意味着需要将重大主题教育融入中小学课程与教学，这是一个无法回避的重大课题。此外，《义务教育课程方案（2022年版）》还提到："原则上，各门课程用不少于10%的课时设计跨学科主题学习。可设计拓展内容，供学有余力或有兴趣爱好的学生选学。"这一要求为主题教育融入常规课程教学创造了条件，增加了落实主题教育的途径，保证了重大主题教育的落实。

为落实教育部印发的新版课程方案和各科课程标准，《北京市义务教育课程实施办法》提出：探索大单元教学，积极开展主题化、项目式学习等综合性教学活动，促进学生举一反三、融会贯通，加强知识间的内在关联，促进知识结构化。还提出：要立足学校办学传统和培养目标，发挥特色教育教学资源优势，以多种课程形态服务学生个性化学习需求。值得注意的是，其中还特别强调了主题教育问题，提出：学校要充分发挥学科实践活动课程建设经验，开展跨学科主题学习，注重培养学生在真实情境中运用综合知识解决问题的能力，各门课程平均应有不低于10%的学时开展跨学科主题学习。专题教育融合到相关科目中，以渗透为主。

二、基于学校的育人目标[①]

基于"尊重教育"的办学理念，我校研究并确立了"有理想、有本领、有担当的'尊道敬学、立己达人'的阳光少年"这一培养目标。"有理想、有本领、有担当"是新时代我国义务教育培养的目标要求。所谓"尊道敬学、立己达人"，尊道就是尊重自然规律、社会规律、优秀文化传统和道德规范；敬学就是敬重学习，树立正确的学习观念，培养良好的学习态度和学习方法；立己即认识自我，尊重自我，进而培养

---

① 张广利. 尊重教育的生成与发展[M]. 北京：首都师范大学出版社，2023:27-28.

自信、自强的品格；达人指的是尊重他人、关心他人，与他人能平等交往、友好合作，成为一个有益于社会的人，一个勇于担当民族复兴大任的人。

"尊道敬学、立己达人"有着深刻的文化内涵。"尊道敬学"出自《礼记·学记》中的"道尊然后民知敬学"，在尊重原有含义的基础上，结合时代和我校的需求，对其内涵进行了扩展。"尊道"指向的是对于学生的培养内容，而"敬学"指向的是对学生学习态度和方法的培养目标。"立己达人"出自《论语·雍也》中的"己欲立而立人，己欲达而达人"，指向的是培养目标中最核心的育人目标。"有理想、有本领、有担当的'尊道敬学、立己达人'的阳光少年"这一培养目标中的逻辑是层层递进的，要求学生先学习丰富的课程内容，尊重自然规律、社会规则、优秀文化传统和道德规范，并且在这一过程中树立正确的学习观念、培养良好的学习态度和学习方法。而"尊道敬学"本身不仅是目标，也是实现"立己达人"的手段，学生学习丰富的课程内容和养成良好的学习观念和习惯，最终都是为了认识自己、尊重自己、自立自强、与他人良好相处，并回馈社会，成为一个"有理想、有本领、有担当"的人。

"尊道敬学、立己达人"对应"尊重教育"的四个基本维度，蕴含着学生完满发展的核心素养结构：（1）尊重自我，要求学生勤学自爱、健康自信；（2）尊重他人，要求学生能够沟通交往、同情理解他人；（3）尊重自然，要求学生具备对科学知识和信息技术的应用能力；（4）尊重社会，要求学生了解社会伦理，具备艺术素养。

为落实我校的发展规划，践行"尊重教育"的办学理念，实现"有理想、有本领、有担当的'尊道敬学、立己达人'的阳光少年"的培养目标，形成尊重教育的特色课程体系，我们依据《北京教育科学研究院丰台学校课程建设方案》，设计并研发了我校的尊重教育课程体系，如图1.1所示。

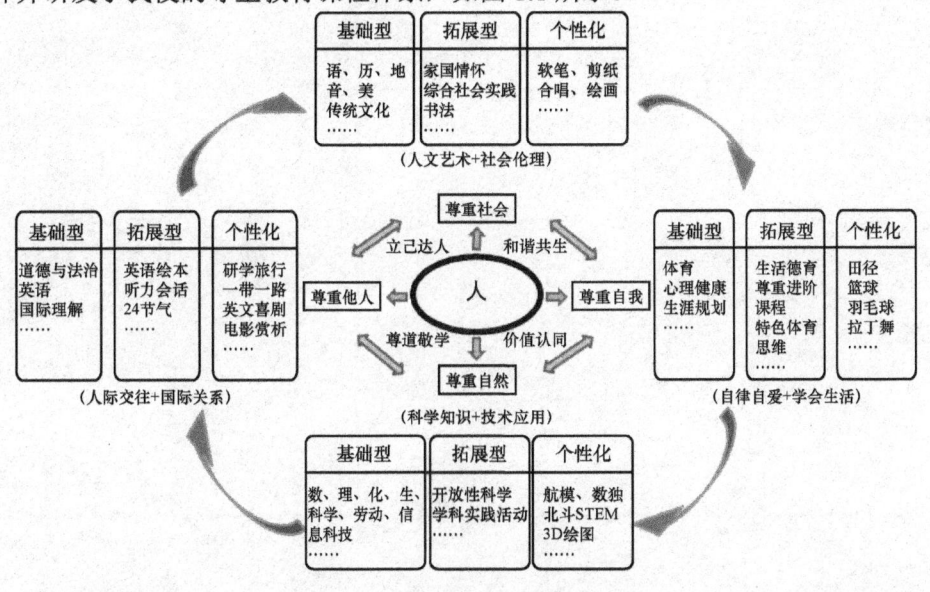

图1.1 我校的尊重教育课程体系

三、基于学校尊重教育的办学理念

我校秉持"尊重教育"的办学理念,以"人"为核心,尊重人的主体地位和成长规律,尊重教育的内在法则,目的是让师生共享有尊严的教育生活,拥抱有尊严的幸福人生。

尊重教育的核心是尊重学生、尊重教师和尊重规律。

尊重学生包括尊重学生的差异,做到因材施教;尊重学生的学习需求,满足其学习需要;尊重学生的选择,做到因势利导;关注学生的成功体验,激发其潜能;注重学生实际所获,帮助学生实现全面而有个性的发展。

尊重教师即尊重教师工作的自主性、创造性、复杂性、专业性、个体性、独立性和工作价值的迟效性和间接性,为教师的专业成长与自主发展提供支持,搭建平台。

尊重规律即尊重客观事物的发展规律和社会运行规律,以及尊重教育教学规律和学生的身心发展规律,并在此基础上掌握规律的最高表现形式——各门学科知识。

第二章
尊重进阶课程建设的总体目标与策略

尊重进阶课程是我校为实现发展愿景，结合教育教学实际情境，依据"尊重教育"的办学理念和"培养有理想、有本领、有担当的'尊道重学、立己达人'阳光少年"的育人目标，精心打造的具有校本化特色的课程体系。从课程研发的角度来看，该课程涵盖了尊重教育的四个基本维度，即尊重自我、尊重他人、尊重自然和尊重社会。这四个维度既是课程的核心，也是我校培养学生全面而有个性的发展的重要途径。从课程内容的来源来看，该课程以学生的经验为基础，有机整合了相关学科知识和社会生活素材。课程内容涵盖社会主义先进文化、社会主义核心价值观、革命文化和中华优秀传统文化，以及法治、国家安全、民族团结、生态文明、生命安全与健康等重大主题教育内容。这些内容不仅丰富了学生的学习体验，也为他们提供了全面、深入的学习视角。

第一节 尊重进阶课程建设的理念与总体目标

在实施尊重进阶课程时，我校通过深入挖掘和探索"尊重"的内涵，结合学生特点、师资力量、地理优势等多方面因素，将尊重教育真正融入课堂和学生的日常生活中。目标是让学生在尊重的环境中成长，将"尊重"这一理念深深植入他们的内心，并通过他们的日常行为得以体现。

一、尊重进阶课程建设的理念

（一）育人为本。坚持以学生发展为本，面向全体学生，基于学生的学习需求设计教育主题。聚焦学生的核心素养发展，加强正确价值观、必备品格和关键能力的培养。落实"五育并举"的方针，突出德育的针对性和实效性，关注学生综合素养的发展。

（二）实践导向。从满足我校的教育实际出发，依据国家和北京市及我校发展规划的相关规定，把具体要求落到实处。贯彻重大主题教育的要求，夯实德育基础、整合课程教学，切实改变教师的教学方式与学生的学习方式，构建新型的教育文化和教育生态。

（三）理念引领。继续探索我校特色化发展之路，以"尊重教育"的办学理念为引领，探索全员、全学科、全过程育人的新路径，推进育人方式的创新，全面促进提质增效。立足改革前沿理念，以改革创新激发活力，巩固"双减"工作成效，增强我校的办学活力。

二、尊重进阶课程建设的总体目标

依据 2022 年 4 月教育部发布的《义务教育课程方案（2022 年版）》和各科课程标准，以及尊重教育理念下的学校培养目标，我们确定了尊重进阶课程建设的总体目标和进阶（学段）目标。

（一）尊重进阶课程建设的总体目标

1．能够正确认识生命的意义和价值，珍爱生命、热爱生活，初步具有自尊自强、坚韧乐观的心理素质；能够以实现中华民族伟大复兴为己任，增强做中国人的志气、骨气和底气，形成自信、自立、自强的优秀品格。

2．学会尊重他人、理解和关心他人，具有理性平和的心态，能够建立良好的同伴关系、师生关系和家庭关系，与他人能平等交往、友好相处；树立正确的合作与竞争观念，具有团队意识和合作互助精神，具备积极向上和锐意进取的人生态度。

3．在掌握人与自然和谐相处所需要的知识和技能的基础上，尊重我们赖以生存的环境；敬畏自然，保护环境，形成人与自然生命共同体的意识，并能积极参与面向可持续发展的决策和行动。

4．初步了解中国的基本国情，能够了解个人生活和公共生活中的基本道德要求和行为规范并能自觉遵守；关心集体、社会和国家，能够主动承担对自己、家庭、学校和社会的责任，初步形成民主、法治的观念和规则意识。

（二）尊重进阶课程建设的进阶（学段）目标

1．层次一（1~3 年级）

（1）尊重自我、认识自我。能够初步认识自我，控制和调整自己的情绪和行为；自己的事情自己做，懂礼貌、不说谎、守约定、爱劳动、爱学习、乐助人；逐步养成健康的生活、卫生、学习和行为习惯，做事有耐心，并在克服困难的过程中增强自信。

（2）尊重他人、理解他人。学会正确看待自己与他人的优点与不足，能够与他人进行沟通，团结互助，与同伴友好相处；积极参加劳动实践，尊重并珍惜他人的劳动成果。

（3）尊重自然、走进自然。了解自然是我们共同的家园，了解自己生活的环境和常见的一些自然现象及其发生的特点；初步了解动植物的有关知识和节水、节电及垃圾分类等环保知识；爱护校园环境，积极参加实践活动，并在与自然环境的接触中，初步形成热爱大自然的意识。

（4）尊重社会、认识社会。能够了解小学生守则和规范要求并能付诸行动，感知并学习适应环境的变化，爱护家庭、学校和公共环境，遵守公共秩序；初步感知基本国情，了解我国是一个统一的多民族国家，初步了解新中国成立的历史和社会主义建设所取得的成就，初步形成民族自豪感和爱国主义情感。

2. 层次二（4~6年级）

（1）尊重自我、悦纳自我。初步了解自己的身心成长特征，能够认识自己的性格和爱好，正确对待自己的优点和缺点，能够取人之长，补己之短，珍爱生命，不怕困难，增强自信。在生活中逐步形成文明礼貌、诚实守信、友爱宽容、热爱劳动等优秀品质。

（2）尊重他人、携手他人。乐意倾听他人意见，与他人有效沟通，能体会真诚相待的可贵之处，团结同学并能和谐相处，学会与朋友建立健康的友谊，团结合作；学会感恩，主动为父母分忧，尊敬师长。

（3）尊重自然、探究自然。了解自然灾害的基本常识，知道人对环境的依赖，理解人与自然的相互依存关系；知道公民参与保护环境的主要途径和方式，自觉保护环境、爱护动物，初步了解可持续发展理念；了解当代人类社会面临的环境保护问题并能主动探究，提出自己的解决建议。

（4）尊重社会、感受社会。积极参加集体活动和志愿者行动，热爱班集体、学校和社区；自觉爱护公共设施，自觉遵守公共秩序；初步了解中国国情，初步理解社会主义核心价值观的要求并加以践行；初步形成民主法治的观念，并树立规则意识。

3. 层次三（7~9年级）

（1）尊重自我、超越自我。学会认识自我，规划人生，善于倾听他人意见并自我改进；养成健康、文明的生活方式，珍爱生命，热爱生活，诚实劳动，勇于担当，努力学习，回报社会；增强做中国人的志气、骨气和底气，逐步形成自信、自立、自强的优秀品格。

（2）尊重他人、关爱他人。认识青春期的身心特点，学会宽容和换位思考，建立同学间的友谊，团结同学，宽容友爱；自觉分担家庭责任，尊敬师长，初步形成与他人团结合作的优秀品质。

（3）尊重自然、保护自然。关爱自然，欣赏自然之美，感激自然对人类的哺育，树立可持续发展的观念，愿意承担保护环境的责任；初步形成环保意识和生态文明观，能积极参与面向可持续发展的决策和行动。

（4）尊重社会、奉献社会。维护公共秩序和社会公德，理解诚信做人的基本要求并践行；理解个人与社会、国家和世界的关系，积极适应社会环境的变化；了解中国长期形成的民族精神、优良传统和新中国成立及祖国建设过程中所取得的伟大成就，初步形成民主法治的观念，并树立规则意识。

第二节　尊重进阶课程建设的策略与基本特征

在尊重进阶课程建设的过程中，我校依据制定的尊重进阶课程实施方案和课程纲要，结合新课程标准，完善了与研发、实施和评价相关的制度。同时，我们关注学生的生活经验，落实核心素养导向，从而保障了尊重进阶课程的有效实施。

一、尊重进阶课程建设的策略

基于"尊重教育"的办学理念和"培养有理想、有本领、有担当的'尊道重学、立己达人'阳光少年"的育人目标，立足尊重自我、尊重他人、尊重自然和尊重社会这四个基本维度，推动"尊重教育"办学理念和育人目标及重大主题教育的"四个进入"，即进课程、进课堂、进生活、进校园。

我校高度重视课程建设工作，校长作为第一责任人，其他领导干部全员参与，带动全体教师在教育教学中突出特色，全面落实课程方案。我们借助校外专家的力量，进行现状诊断并提出需求，明确课程建设的目标和思路。同时，我们研制了尊重进阶课程实施方案，并提出了该课程的实施建议，以提升我校课程建设的质量和水平。

我校将课程建设与其他工作打通，特别是积极申报各级各类课题，以课题为抓手引领相关工作的深入开展。同时将课程建设与常规课堂教学结合起来，真正推动新课程理念的落地。在每门学科教学中，我们力求体现尊重教育和重大主题教育，力争"门门搞建设、课课有特色"。为了拓展青年教师的专业发展机会并快速带动他们的专业成长，我校动员青年教师积极参与课程建设。通过参与课程建设，他们能够不断学习和提升自己的教育教学能力，同时也能为我校的课程建设贡献自己的力量。

二、尊重进阶课程设计的基本特征

（一）综合性

每个主题的设计都超越了学科分类，不是根据知识领域来划分，而是根据学生的日常经验和社会生活而总结和提炼出来的。这样的设计使得主题具有开放性，以尊重教育的四个基本维度为参照，可以为多个学科的介入创造空间。

（二）项目式

每个主题相对独立，可以提炼出具体的学习任务，有利于形成学习项目，开展项目式学习。教师可以根据主题设计学习项目，开展单元化主题教学，并在实施细节上灵活安排。

（三）一体化

各主题的设计均基于"尊重教育"的办学理念，它们在"尊重自我、尊重他人、尊重自然、尊重社会"这四个关键维度上相互交织，形成了一个有机的整体，彰显出一体化的特色。在设计这些"尊重教育"的主题时，我校不仅考虑了国家对于重大教育主题的要求，如红色文化、革命文化、优秀传统文化及社会主义核心价值观等，还将这些要求与我们的设计理念有机地结合在一起，不仅体现了我校对教育的深入理解，也展示了我校对国家教育政策的积极响应和落实。

（四）可持续性

各主题的教育教学安排从一年级到九年级贯通开设，在义务教育阶段持续开展。我校积极探索和拓展多样化的教学实施途径，除了结合综合实践和班团队活动开展主题教育，还把主题教育融入各学科的教学。各学科教师从中挖掘与主题教育相关的内容，做好学科教育和主题教育的深度融合，这样就进一步为主题教育的开展提供了有效支撑和课时保障。

第三章

尊重进阶课程的一体化设计

"尊重"意味着对不同个体与群体存在的合理性予以积极理解并认同。在认知上，我们要准确把握其属性和呈现状态；在态度上，我们要体现出应有的理解和包容；在行为上，我们能够展现出君子之风和文化涵养。因此，"尊重"并不是出于社会道德的约束或他人的祈求而做出的刻意展示，而是通达万物、心怀敬畏的一种人生境界，是发自内心的一种修为。尊重进阶课程教育主题的设计秉持"尊重教育"的办学理念，以"人"为核心，坚持尊重人的主体地位。尊重人的成长规律和教育的内在法则的课程研发与实施原则。

第一节 尊重进阶课程的教育主题设计

尊重进阶课程的教育主题遵循四维度、三进阶的分布格局。尊重包括自尊和他尊两个层面，分为四个维度，即尊重自我、尊重他人、尊重自然和尊重社会，这就是四维度。在每个维度上又可以根据儿童身心发展的阶段延伸出三个不同的层次：1~3年级为层次一，4~5年级为层次二，7~9年级为层次三。每个维度的教育主题内容呈现为三个层次的递进，这就是三进阶。尊重进阶课程的架构如图3.1所示。

```
                     尊重进阶课程的架构
        ┌──────────┬──────────┬──────────┬──────────┐
        │ 尊重自我 │ 尊重他人 │ 尊重自然 │ 尊重社会 │
        ├──────────┼──────────┼──────────┼──────────┤
        │ 认识自我 │ 理解他人 │ 走近自然 │ 认识社会 │
        │ 悦纳自我 │ 携手他人 │ 探究自然 │ 感受社会 │
        │ 超越自我 │ 关爱他人 │ 保护自然 │ 奉献社会 │
        └──────────┴──────────┴──────────┴──────────┘
```

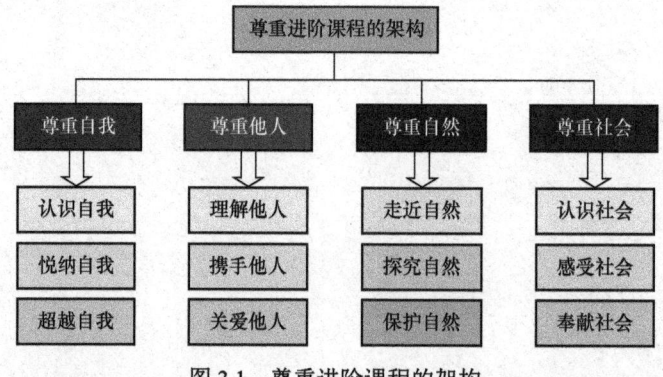

图3.1 尊重进阶课程的架构

可从以下四点对尊重进阶课程的架构进行总体分析。

一、在横向上体现了尊重的四个维度

尊重的四个维度总体上涵盖了自然与科技、人文与社会、艺术与体育、劳动与实践等主要学科科目和教育领域。

二、在纵向上体现了义务教育学生发展的三个层次

"层次一"为低学龄段，对应1~3年级；"层次二"为中学龄段，对应4~6年级；"层次三"为高学龄段，对应7~9年级。这三种层次在学习要求上体现出一定的梯度和不同的要求。

三、尊重的四个维度在不同层次上的表现不同

"尊重自我"维度的三个层次分别为认识自我、悦纳自我、超越自我；"尊重他人"维度的三个层次分别为理解他人、携手他人、关爱他人；"尊重自然"维度的三个层次分别为走进自然、探究自然、保护自然；"尊重社会"维度的三个层次分别为认识社会、感受社会、奉献社会。

四、将重大主题教育有机融入尊重进阶课程的主题

重大主题教育包括社会主义先进文化、革命文化和中华优秀传统文化，以及法治、国家安全、民族团结、生态文明、生命安全与健康教育等内容。

结合重大主题教育的相关要求，基于以上分析，在充分调研和研讨的基础上，我们设计出一体化的尊重进阶课程，如表3.1和表3.2所示。

表3.1 尊重进阶课程一览表（1.0版）

维度			尊重自我	尊重他人	尊重自然	尊重社会
层次			认识自我	理解他人	走进自然	认识社会
层次一	一年级	上	1. 我是小学生了 2. 身体好奇妙	1. 我们不一样 2. 夸夸你同学	1. 观察大自然，从校园开始 2. 与动物交朋友	1. 我的小家很温暖 2. 我爱各个民族的小伙伴
		下	3. 成长中的第一次 4. 我需要营养	3. 我的好伙伴 4. 他们需要关爱	3. 你喜欢吃什么水果 4. 春天来了	3. 我会买东西 4. 争做文明礼仪小学生

尊重进阶课程的设计与实施

（续表）

维度			尊重自我	尊重他人	尊重自然	尊重社会
层次			认识自我	理解他人	走进自然	认识社会
层次一	二年级	上	5. 我从哪里来 6. 我的身高和体重	5. 小脑瓜里的不同想法 6. 我是集体中的一员	5. 今天天气怎么样 6. 你喜欢什么季节	5. 为小区服务的人 6. 让社区更美好
		下	7. 我的兴趣爱好 8. 学习中的苦与乐	7. 说出你的心事 8. 学会倾听	7. 美丽的云彩 8. 追寻风的足迹	7. 欢迎到我家乡来 8. 家乡的故事
	三年级	上	9. 我懂事了 10. 我是好学生	9. 班级里每个人都重要 10. 生活离不开你我他	9. 水与生命 10. 珍稀动植物	9. 校园生活好丰富 10. 争当校园环保小卫士
		下	11. 我眼中的自己 12. 我真棒	11. 退一步海阔天空 12. 尊老爱幼是美德	11. 流动的空气 12. 动物的保护色	11. 发展中的城市 12. 讲文明，守规则
			悦纳自我	携手他人	探究自然	感受社会
层次二	四年级	上	13. 我是独一无二的 14. 我的成长档案	13. 我的邻里乡亲 14. 我们共同进步	13. 神奇的磁力 14. 自然灾害知多少	13. 家庭小账本 14. 知识就是我的力量
		下	15. 好心情最重要 16. 身边的榜样	15. 尊重是最好的礼物 16. 合作真快乐	15. 那些花儿 16. 花、果实和种子	15. 我是家庭"小管家" 16. 我爱首都北京城
	五年级	上	17. 呵护我们的身体 18. 生命只有一次	17. 我们的班队干部选举 18. 我们自己做主	17. 光与我们的生活 18. 空气中的灰尘	17. 江山如此多娇 18. 我热爱中国共产党
		下	19. 我进步了 20. 努力才会有收获	19. 朋友之间 20. 百善孝为先	19. 一切都在运动之中 20. 生命的历程	19. 科技推动社会发展 20. 走进网络时代
	六年级	上	21. 成长中的新问题 22. 自信的我	21. 社会文明大家学 22. 携手共创和平	21. 种类繁多的动物 22. "择地而居"的植物	21. 祖国悠久的历史文化——剪纸艺术欣赏 22. 人无诚信不立
		下	23. 回顾这六年 24. 我要上中学了	23. 我做合格小公民 24. 老师，我想对你说	23. 昼夜交替与四季轮回 24. 月有阴晴圆缺	23. 心中有"规则" 24. 法律在我身边

(续表)

维度		尊重自我	尊重他人	尊重自然	尊重社会
层次		认识自我	理解他人	走进自然	认识社会
层次三	七年级 上	25. 我的注意力我做主 26. 学会依法保护自己	25. 学会控制情绪 26. 学会化解矛盾	25. 我们只有一个地球 26. 探索宇宙（航天技术）	25. 生活中的各行各业 26. 行行业业有规范
	下	27. 吾日三省吾身 28. 学习有方法	27. 关爱空巢老人 28. 美化环境靠大家	27. 我们的太阳 28. 生物的多样性	27. 重要的国际组织 28. 我们都是公民
	八年级 上	29. 遇到困难的时候 30. 制定一张时间表	29. 青春需要正能量 30. 人间自有真情在	29. 人类的起源与发展 30. 自然灾害知多少	29. 建设中国特色社会主义 30. 独立自主的新中国外交
	下	31. 拒绝校园霸凌 32. 花开应有时	31. 我们同住"地球村" 32. 了解世界文化	31. 海洋资源的利用与保护 32. 我心中的绿色社区	31. 国际交往有原则 32. 公民基本义务
	九年级 上	33. 向偏科宣战 34. 青春期的苦与乐	33. 友好交往礼为先 34. 敢于竞争，善于合作	33. 交通与环境 34. 能源的利用与开发	33. 个人理想与社会理想 34. 坚持程序正义
	下	35. 排解学习压力 36. 认识自我，规划人生	35. 社会合作与公平 36. 负起我们的社会责任	35. 生态文明与美丽中国 36. 科学技术与可持续发展	35. 我的中国心 36. 全球化与中国崛起

表3.2 尊重进阶课程一览表（2.0版）

维度		尊重自我	尊重他人	尊重自然	尊重社会
层次		认识自我	理解他人	走进自然	认识社会
层次一	一年级	1. 我是小学生了 2. 锻炼我的身体	1. 我们是好朋友 2. 不一样的我们	1. 观察大自然 2. 春天来了	1. 我爱各民族的小伙伴 2. 争做文明礼貌小学生
	二年级	3. 说说我自己 4. 我的学习生活	3. 我是集体中的一员 4. 学会倾听	3. 地球的奥秘 4. 走进秋天	3. 让社区更美好 4. 家乡的故事
	三年级	5. 我的肖像画 6. 我是小帮手	5. 生活离不开你我他 6. 美德养成记	5. 保护自然资源 6. 校园绿化我能行	5. 世界文化巡礼 6. 发展中的城市

(续表)

维度	尊重自我	尊重他人	尊重自然	尊重社会
层次	悦纳自我	携手他人	探究自然	感受社会
层次二 四年级	7. 我的成长档案 8. 光荣的少先队员	7. 学会表达爱 8. 尊重是最好的礼物	7. 自然灾害知多少 8. 植物的一生	7. 家是最小国,国是千万家 8. 我爱首都北京
层次二 五年级	9. 生命的珍贵 10. 谢谢努力的自己	9. 敢于竞争,善于合作 10. 我们一家人	9. 光与我们的生活 10. 生命的历程	9. 光荣的中国共产党党员 10. 信息科技与安全
层次二 六年级	11. 成长中的新问题 12. 我与我的未来我做主	11. 做合格公民 12. 服务他人	11. 美丽的星球 12. 地球的运动	11. 爱国主义运动 12. 心中有"规则"
	超越自我	关爱他人	保护自然	奉献社会
层次三 七年级	13. 克服恐惧,战胜困难 14. 我是男生,我是女生	13. 让友谊之树常青 14. 情绪的管理	13. 生态文明与美丽中国 14. 我们只有一个地球	13. 人无信无以立 14. 国在我心,我强国强
层次三 八年级	15. 认识自我,挑战自我 16. 拒绝校园霸凌	15. 承担责任,服务社会 16. 公平与正义	15. 探索宇宙与星空 16. 生物多样性	15. 学工学农爱劳动 16. 我是小小外交官
层次三 九年级	17. 远离焦虑抑郁 18. 认识自我,规划人生	17. 青春需要正能量 18. 人类命运共同体	17. 科技改变生活 18. 元宇宙与人类世界	17. 大兵小将军事通 18. 革命文化代代传

第二节 尊重进阶课程的主题分布

本节主要阐述四维度和三进阶的内容。

一、维度一:尊重自我

  自尊是一个人内心的力量和自信的源泉。尊重自我是指对自己的行为价值和能力被他人或社会认可的一种主观需求,是追求个人尊严和价值的表现。当这种需求得到满足时,自信心会得到增强;相反,如果没有得到满足,则会导致自卑感和软弱感的产生。学会尊重自我,认可自己的价值和独特性,有助于激发个人的创造力和创新能力。只有首先尊重自己,才能进一步尊重他人和社会。因此,尊重自我是尊重教育的基石。在尊重进阶课程中，我们根据学生的身心发展规律将"尊重自我"维度划分为认识自我（1～3年级）、悦纳自我（4～6年级）和超越自我（7～9年级）三个层次。

1. 认识自我。进一步了解自己，全面把握自己的各个方面，形成积极的自我认知。

2. 悦纳自我。认识到每个人都不完美，都有优点和不足之处。学会悦纳自我意味着接受现实中的自我，善待自己、尊重自己、保护自己，并能够直面自己内心的情绪和情感，与自己做朋友。

3. 超越自我。培养自主意识，能够独立思考并能解决生活中遇到的问题。在人际交往中学会捍卫自己的人格尊严和基本权利，发展自身的潜能。努力探索自己的价值。同时，还要学会对自己负责，对自己的选择和行为负责。

根据《义务教育课程方案（2022年版）》的要求，可以将"生命安全与健康"这一重大主题融入"尊重自我"这一维度之中。

二、维度二：尊重他人

尊重是人类的一种附着情感，人与人之间，尊重始终是相互的。在提倡教师履行职业道德、更多地尊重学生的同时，我们也要求学生尊重教师的劳动成果。除了尊重教师，我们还应该尊重每一位同学、父母、朋友，以及在社会生活中遇到的每一个人。正如孟子所说："爱人者，人恒爱之；敬人者，人恒敬之。"这句话强调了尊重他人的重要性。只有学会尊重他人，我们才能赢得他人的尊重。心宽一尺，路宽一丈，学会敞开心胸，善待所有人，这是一种勇气，更是一种智慧。在尊重进阶课程中，我们将"尊重他人"维度划分为理解他人（1～3年级）、携手他人（4～6年级）、关爱他人（7～9年级）三个层次。

1. 理解他人。理解他人是一种心与心的交流，是共情的能力，是对他人的态度、情感和行为。对于1～3年级的学生来说，他们的是非观念尚未明确，模仿性强，集体主义情感正在发展，这是培养他们良好道德品质的关键时期。在这个阶段，教师的正确引导对于学生培养共情能力、学会理解他人至关重要。

2. 携手他人。在我们的成长历程中，教师、家人、朋友、同学、邻居都给予了我们很大的帮助。家人的关爱和呵护为我们提供了强大的后盾，同学和朋友之间的合作和竞争让我们的成长之路更加丰富多彩，教师教给我们知识和做人的道理，邻居间的互助友爱为我们创造了温馨和谐的社区环境。因此，我们应该懂得亲情和友情的重要性，学会感恩，学会为他人着想，积极参与社会生活，成为具有现代民主意识的合格小公民。

3. 关爱他人。7～9年级的学生正处于青春期，他们的心理特征是成熟性和幼稚性的统一。他们的"成人感"越来越明显，独立性有较大发展，自尊心较强，情绪容易波动。由于心理发展与生理发展的不平衡，他们可能会表现出不同程度的对抗情绪。因此，从学生自身来说，他们需要学会正确控制情绪的方法，学会换位思考和为他人着想；从社会角度来看，学生应该具有责任心和正确的价值观，勇于承担社会责任。

根据《义务教育课程方案（2022年版）》的要求，可以将"生命安全与健康、民族团结、中华优秀传统文化和革命文化等重大主题融入"尊重他人"这一维度之中。

三、维度三：尊重自然

人类从早期就认识到了人与自然的关系，提出了天人合一的观点。然而，随着工业文明的到来，人与自然之间的关系逐渐变得糟糕，导致全球气候变暖、水灾、旱灾等自然灾害的频发。现在，我们需要反思自己的行为，重新认识人与自然的关系。党的十九大报告指出，人与自然是生命共同体，人类必须尊重自然、顺应自然、保护自然。作为自然界的一部分，我们应该尊重其他生命和环境，认识到所有生命都依赖于自然环境，它是我们赖以生存的基础。在尊重进阶课程中，我们开设"尊重自然"系列课程，希望能够激发学生对大自然的热爱，感激大自然对人类的哺育，树立可持续发展观念，并勇于承担保护环境的责任。在尊重进阶课程中，我们将"尊重自然"维度划分为三个层次：走进自然（1~3年级）、探究自然（4~6年级）和保护自然（7~9年级）。

1. 走进自然。自然环境是学生感官刺激的主要来源，只有自然中的声、光、色、味、形、体才能满足他们知觉发展的需要。然而，现代城市中，孩子与大自然似乎割裂了，他们成长在一个充斥着电子产品的虚拟世界里。搜索引擎似乎可以解决所有问题，但却大大削弱了学生的感知能力，导致学生身心方面的"自然缺失症"。比起通过电子产品被动地接收信息，主动走进自然，去感受大地之美，才能从中获得生命的力量。在小学低年级阶段，尊重自然的教育应该以关注身边或周围的环境为主要内容。例如，了解大自然中的事物，观察校园中的动植物，参加校园农场的种植劳动，观察蔬菜等植物的生长变化，这样的活动可以培养学生的观察能力和对大自然的热爱之情。

2. 探究自然。走进自然是指学生用眼睛、耳朵、皮肤去感受自然，而探究自然则是用大脑去思考自然的奇妙。走进自然可以激发学生的好奇心和求知欲，而探究自然则会让学生了解星球运转的完美，欣赏自然生态的神奇，探索自然的奥秘，从而更加尊重自然和敬畏自然。

3. 保护自然。在中学阶段，学生有了一定的知识储备，尊重自然的教育就要从探索自然逐步扩大到对整个自然界的关注和尊重，也就是要教育学生保护自然。

比如，介绍地球上的水资源、森林资源、海洋资源、矿产资源、珍稀动植物等的现状，让学生明白地球正在被破坏，我们只有一个地球，保护地球迫在眉睫；让学生了解常见的自然灾害，增强防灾减灾意识；引导学生了解可持续发展的战略背景，树立可持续发展观念，从自身做起，从点滴小事做起。

根据《义务教育课程方案（2022年版）》的要求，可以将"生命安全与健康、生态文明、科技创新、劳动教育"等重大主题融入"尊重自然"这一维度之中。

四、维度四：尊重社会

社会是由人构成的，人的发展依赖于社会提供的物质条件，而社会的进步也离不开个人素质的提高。人与社会相互作用、相互促进，因此我们应该尊重社会，以促进个人与社会的协调发展。在尊重进阶课程中，我们将"尊重社会"维度划分为认识社会（1~3年级）、感受社会（4~6年级）和奉献社会（7~9年级）三个层次。

1. 认识社会：考虑到1~3年级学生的年龄特征，"认识社会"这一层次的教育内容主要从学生熟悉的家庭、学校、社区、城市入手，让学生懂得家庭对一个人的重要性，并对学校的规章制度和社会的文明礼仪有明确的认识。同时，我们也要帮助学生初步建立规则意识。

2. 感受社会：在课程实施过程中，我们应引导学生初步感知社会在政治、经济、文化等方面发生的巨大变化。例如，我们可以让学生了解中国共产党诞生的历史意义，以此培养他们对中国共产党的热爱之情。同时，我们也应该让学生感受到科技进步给生活带来的便利，让他们知道中国悠久灿烂的历史文化，从而增强他们的民族自豪感。此外，我们还需要引导学生认识到规则在生活中的重要性，帮助他们了解社会对规则的态度。

3. 奉献社会：人生活在社会群体中，在能充分行使"自然人"的权利时，还应该履行"社会人"的义务，为整个社会的和谐发展做出自己的贡献。因此，权利和责任意识是尊重社会的根本内容。要使学生知道公民的含义及基本义务，培养学生的爱国主义精神、革命精神和斗争精神，增强法律意识，养成良好的履行义务的习惯；引导学生了解社会各行各业的分工与合作，并遵守相应的行业规范；引导学生了解我国的外交政策，明白国际交往的重要性；让学生理解中国在全球化中面临的机遇和挑战；等等。

根据《义务教育课程方案（2022年版）》的要求，可以将"民族团结、传统文化、国家安全、社会主义先进文化、革命文化、社会主义核心价值观、劳动教育"等重大主题融入"尊重社会"这一维度之中。

第三节　尊重进阶课程的内容设计

一、尊重进阶课程主题内容解读（1~3年级）

1. 尊重自我·认识自我

（1）通过班队会和实践活动，认识到自己在社会中的角色，看到自己的成长变化，并为此感到高兴和自豪。同时，通过将现在的生活与幼儿园的生活做对比，明白自己现在的重心不再是游戏，而是在家长和教师的指导下学习。在这个过程中，培养集体主义观念，学会用小学生的行为规范来约束自己。

（2）通过图片、视频等了解身体的主要内脏器官，知道拥有一个健康体魄的重要性。

（3）初步了解胎儿的主要生长过程，体会母亲怀胎十月的辛苦及抚养一个孩子长大的艰辛，增强对母亲的爱。

（4）认识到良好饮食习惯的重要性，养成不挑食、不暴饮暴食、注重营养搭配的好习惯。

（5）知道对健康有益的兴趣爱好有利于自己的成长；懂得培养兴趣爱好需要持之以恒，才能取得实效；体会兴趣爱好给自己和他人带来的快乐，能利用自己的特长为集体服务。

（6）通过回顾和展示等方式体会到学习的乐趣及学习带来的收获，和同学交流学习中遇到的困难及解决途径，激发乐学、爱学的情感。

（7）主动了解父母的工作和生活，学会感恩父母，帮助父母做力所能及的小事。

（8）认识到自己身上的优缺点，培养自我认同感。

2. 尊重他人·理解他人

（1）认识到每个人的独特性，学会正确看待自己与他人的优点与不足，学会欣赏他人，并能更好地完善自己。

（2）知道"伙伴"的含义，会用一两种表现形式表达与好伙伴相处的情节，增强同学间的情感交流。

（3）了解残疾人并能体会残疾人在生活中的困难，尊重与关爱残疾人。

（4）了解生活中的不同职业，明白不同职业都是社会所需，不分贵贱，要尊重并珍惜他人的劳动成果。

（5）知道自己是集体中的一员，明白集体的成功和荣誉必须依靠所有成员的共同努力，乐于为集体做贡献。

（6）了解倾听的要领，学会专心倾听。通过游戏检验自己，感受到自己专心听讲与不专心听讲的差异，从而提高自己的倾听能力。

（7）知道人无完人的道理，能客观看待每个人的优缺点，感受宽容带来的美好，在与人发生矛盾的时候能通过换位思考理解别人。

（8）通过交流讨论，了解老人和小孩的特点和生活需要，在生活中乐于帮助老人和比自己小的孩子。

3. 尊重自然·走进自然

（1）了解大自然中的事物，观察校园中的动植物，培养观察能力和对大自然的热爱之情。

（2）了解动物，知道动物是人类的朋友，能够善待动物，知道戏弄、虐待动物的行为是错误的，激发对动物的喜爱之情，初步培养保护珍稀动物的意识。

（3）能用几句话介绍水果的形状、颜色和味道，提高语言表达和组织能力。

（4）通过欣赏与春天有关的歌曲，体会音乐带来的快乐。

（5）认识不同的天气现象，会用简单的符号表示天气，能从不同的角度描述今天的天气。

（6）认识四季，了解四季的基本特点，并学会用简单的形容词描述四季。

（7）欣赏天空中千变万化的云，感受云朵之美，尝试运用揉、撕、粘贴等方式大胆表现云朵。

（8）知道风的特征，了解判断风向和风力的一些方法，认识风向标和风力计，知道不同等级的风造成的自然现象。

（9）了解常见食物中的含水量，知道水是人体、动物和植物的重要组成部分，意识到水在生命活动中的重要性，了解水资源状况，树立保护水资源、节约用水的意识。

（10）了解我国几种珍稀动植物及其保护措施，通过查找相关资料，体会到保护珍稀动植物的意义。

（11）通过探究了解风是因空气流动形成的，并了解热气球和孔明灯的升空原理。

（12）感知动物利用保护色保护自己的本领，初步了解动物保护色的相关知识，增强进一步探究的兴趣。

4. 尊重社会·认识社会

（1）通过参与相关活动，了解家庭对一个人的重要性，学会为父母分忧，体谅父母。

（2）通过收集和分析资料，知道我国是一个统一的多民族国家，认识到我国各民族的居住区域及特点，并了解少数民族的风俗习惯，从而培养民族自豪感和爱国主义情感。

（3）通过参与超市购物活动，学会正确使用人民币，从而培养爱护人民币的意识和独立购物的能力。

（4）通过"文明礼仪"主题班队会，对文明礼仪有更明确的认识，体会到文明的重要性。

（5）通过观察和调查，了解我们如今的幸福生活离不开许多人的辛勤服务和劳动，进而尊重他们的劳动。

（6）走进社区，发现社区的优点和不足，通过演讲、为社区建设规划蓝图等形式，为社区的未来发展提出建议，培养积极参与社区建设的意识，增强公民责任感。

（7）学会看地图，能够说出自己家乡的地理位置，激发热爱家乡的情感，感受祖国的幅员辽阔。

（8）通过收集相关资料，感受家乡的悠久历史及优良传统，增进对家乡的热爱之情。

（9）了解丰富多彩的校园活动，根据自己的兴趣尝试参加不同的校园活动。

（10）向身边的人普及环保知识，从日常生活的点滴小事做起，保护校园环境卫生，养成良好的个人习惯。

（11）通过对比北京的今昔照片，感受城市的快速发展，同时明白城市的片面发展会对环境造成恶劣影响，感知创建绿色生态城市这一举措的正确性。

（12）联系自己的生活实际，说一说我们在日常生活中应遵守哪些规则，归纳出在不同场所讲文明、守规则的行为要求，认识遵守规则的重要性，并用实际行动遵守规则。

二、尊重进阶课程主题内容解读（4～6年级）

1. 尊重自我·悦纳自我

（1）知道每个人都是独一无二的个体，善于发现自己的与众不同之处，接纳自己，理解自己，认识自己的性格和爱好。

（2）认识到成长过程中有许多值得纪念的事物，了解制作成长档案的意义，初步掌握制作成长档案的方法，能够制作成长档案，从而感受自己的成长和变化。

（3）明白烦恼是生活中的一部分，人人都有烦恼，学会分析造成烦恼的主、客观因素，并积极寻求解决办法，培养乐观的生活态度。

（4）了解身边的榜样，向身边的榜样学习，培养正确的价值观，建立规范的行为准则。

（5）知道良好的生活习惯、日常锻炼、良好心态对健康的重要性，关心自己的身体健康，主动参加体育锻炼等活动。

（6）通过讨论，结合情景教学，了解生命的过程，明白生命只有一次，是无比宝贵的;认识到自己的生命承载着亲人的爱和希望,要对自己的生命负责。

(7) 总结自己上周在学校、家庭中的表现,发现自己的进步之处,并对下周要完成的事情做计划。

(8) 阅读名人故事,明白"一分耕耘、一分收获"的道理。

(9) 知道人与人之间沟通的重要性,初步掌握沟通的技巧,学习正确处理与家长、同学之间的矛盾。

(10) 认识到自信的重要性,了解自己的优点和不足,取长补短,增强自信;学习增强自信的方法——自我激励法。

(11) 回忆六年的小学生活,体会自己的成长和进步,用自己喜欢的方式记录自己的成长足迹,如制作成长档案等,增强对学校的亲近感,感受同学间的友爱之情和老师的教导之恩。

(12) 与高年级同学进行交流,听他们讲述自己的中学生活,思考中小学之间的差异,了解中学的基本情况,学会提前规划自己的中学生活。

2. 尊重他人·携手他人

(1) 了解邻里之间和睦相处的重要性,知道邻里之间要相互帮助;了解邻里关系,学会处理邻里关系,知道宽容和理解是处理邻里关系的准则。

(2) 知道人各有所长,懂得通过学习别人的长处帮助自己成长,与同学团结友爱。

(3) 懂得做人要自尊自爱,体会真诚相待、相互尊重的可贵之处,学会为他人着想,多给予他人鼓励和帮助。

(4) 能简洁、清楚、完整地述说自己与他人的合作经历,或者发生在别人身上的关于合作的事情。

(5) 了解民主选举是社会民主生活的重要组成部分,知道民主选举的一般程序,能在怎样选班队干部的讨论交流中明确班队干部的选定标准及选举程序,明白怎样正确行使自己的权利,在选举中做到公平、公正。

(6) 理解公平、公正在集体生活中的重要意义,知道在我国人人平等,人人享有民主权利,做到对人对事公平、公正。

(7) 认识到友谊的重要性,能区别哪些行为有益于朋友之间建立友谊,哪些行为会损害友谊,学会与朋友建立健康的友谊,珍视朋友间的友谊。

(8) 了解"孝"的由来,接受传统文化的熏陶,知道"百善孝为先",亲近、了解家长,关心、尊重家长,懂得如何向家长尽孝道。

(9) 通过对社区中人们文明素养现状的考察研究,知道我们的社会在走向文明的同时,对人的文明素养的要求也在提高;反省自己的行为,找到自己的差距,努力塑造自己的文明形象。

(10) 了解为赢得和平而做出不懈努力和巨大贡献的代表性人物;了解我国奉

行的外交政策在维护世界和平中所发挥的重要作用。

（11）掌握民主参与社会生活的技能，了解参与社会生活的常识；通过提出积极建议，参与学校、社区生活的管理；积极参与社会生活，做具有现代民主意识的合格小公民。

3. 尊重自然·探究自然

（1）认识不同形状的磁铁，了解磁铁能吸引铁这一特性，并知道磁铁具有磁力，以及磁铁中磁力最大的部分是磁极。通过提出问题、做出假设、设计研究方案和科学解决问题这一系列步骤，加深对磁铁的认识。

（2）了解自然灾害的基本常识，学习在灾难中的自救措施，培养对生命的珍爱之情。

（3）了解常见花的造型、特点和寓意，发现自然之美。通过对花进行仔细观察，了解花的雌蕊和雄蕊的构造，花粉是如何在雄蕊和雌蕊之间传播的，以及果实和种子的形成过程。培养亲近大自然、热爱大自然的意识。

（4）通过大量事例认识光的两面性，了解光污染的原因、危害及防治措施。

（5）通过研究不同地点空气中的灰尘，了解不同环境里空气的灰尘含量不同，并知道吸入过多灰尘会影响健康；学习减少空气中灰尘的方法。

（6）理解"参照物"的含义，学会利用参照物判断物体的运动状态和静止状态。

（7）知道化石是研究地球生物演变的证据，了解生物进化四个时期中的代表生物。

（8）知道脊椎动物和无脊椎动物的概念；能对常见的动物进行分类，总结出哺乳动物、鸟类、爬行动物、两栖动物、鱼类和昆虫的主要特征。在给动物分类的过程中感受到动物的多样性，并体会到学习的快乐。

（9）通过调查水果产地的地域性特点，初步理解植物必须在一定的环境中生存，并根据身边一些植物的特点分析它们是如何适应环境的。

（10）通过模拟地球自转的实验理解昼夜交替的现象及原因，运用已有知识对四季更替的原因进行推理和假设，设计四季形成的模拟实验。

（11）知道月球本身不发光，而是反射太阳的光；了解月球围绕地球公转，并且在公转过程中形成的月相是有一定变化规律的。

4. 尊重社会·感受社会

（1）通过了解家中钱的来源，知道家庭的经济来源有多种形式，体会到父母挣钱的不易；开展计划花钱行动，能够合理地支出。

（2）通过科学家事迹或名人事例，深刻理解学习知识的重要性，并分享好的学习方法，养成良好的学习习惯。

（3）通过记录家里一周的开支，进一步熟悉用小数表示钱的方法，认识折线统计图的特点和作用,熟悉用折线图表示数据的方法。

(4) 了解北京的主要文物古迹及其背后的历史故事,认识到新中国来之不易。

(5) 初步掌握旅游的基本常识,了解主要的名山古迹,以及一些脍炙人口的传说;知道保护名山古迹的重要性,并学会一些简单的保护方法,培养热爱祖国名山大川、保护自然和文化遗产的意识。

(6) 了解中国共产党诞生的历史意义,明白党旗的象征意义和红军长征的原因,培养热爱中国共产党的情感。

(7) 了解科学技术与人类生活、社会发展的关系,观察生活中要用到的科技产品,感受科技进步给我们生活带来的便利,增进对科学的热爱,激发探究的兴趣。

(8) 了解相关的网络知识,比如人们通过网络做什么,网络带给人的便利,等等;正确看待网络在生活中的作用,合理安排上网时间;了解网络陷阱的表现及危害,提高鉴别信息的能力,做到安全上网。

(9) 了解剪纸的历史、基本手法、分类和表现手法,通过欣赏剪纸作品提高自己的美术鉴赏力,同时通过学习剪纸提高动手能力,提升想象力和创造力。

(10) 分组收集与诚信有关的资料,包括名言警句、成语典故、名人轶事和其他经典论述,探究"信"的传统含义和现代意义。寻找身边讲诚信的人,了解他们的故事,并以"诚信"为主题写一篇作文。

(11) 通过阅读相关事例,认识规则在生活中的重要性,知道遵守规则并严于律己。

(12) 以"法律在我身边"为题写一篇作文,感受法律的无处不在,培养对法律的敬畏之心,成为知法守法的合格小公民。

三、尊重进阶课程主题内容解读(7~9年级)

1. 尊重自我·超越自我

(1) 通过轻松闯关游戏及生动的多媒体课件,感悟集中注意力的重要性,进行适当的注意力训练,掌握提高注意力的训练方法和技巧,自觉养成在学习中集中注意力的习惯。

(2) 了解不良诱惑的危害,知道抵制不良诱惑的基本方法,以及违法和犯罪的区别。学习自我保护的方法和技能,了解未成年人获取法律帮助的方式和途径。

(3) 尽可能背诵《论语》,理解并运用其中关于学习、从政和为人处世的警句。并结合孔子的经历分析《论语》一书的主要思想和内涵。

(4) 充分利用活动、文字材料、课件展示等多种形式创建问题情境,讨论与分享不同学科的学习方法;转变被动学习的方式,找到适合自己的学习方式,并养成良好的学习习惯。

(5) 通过阅读与"困难"有关的课外阅读材料,增强对生活的信心,拥有克服困难的勇气,掌握各种克服困难的方法。

(6) 认识到时间管理的重要性,制定学期时间表、一周时间表及每日时间表,学会利用零散时间学习,提高学习效率。

(7) 通过学习《中小学生守则》《中小学生日常行为规范》中的内容,逐渐知规则、守规则;了解什么是校园欺凌及校园欺凌的危害,知道如何预防和抵制校园欺凌,能与校园欺凌做合理、有效的斗争,正确处理生活中的矛盾和冲突,防微杜渐。

(8) 通过讲述、讨论、谈话、角色扮演、诗歌欣赏等活动,认识早恋的含义及其利弊。将爱慕转化为纯洁的友谊,形成健康的异性交往观念,并能利用"异性效应"不断完善和提升自己,顺利度过青春期。

(9) 若存在"偏科"现象,应正确认识自己的"偏科",并采取积极的态度应对,学会应对"偏科"的方法。

(10) 以"青春期的苦与乐"为题写一篇作文,能够根据主题选取典型材料,抒发真实情感。

(11) 知道学习压力带来的影响既有积极的一面,又有消极的一面;掌握缓解学习压力的有效方法;阐述导致考试焦虑的原因;初步了解克服考试焦虑的方法。

(12) 学会认识自我、规划人生;能够充分考虑各种因素,为自己做好人生规划,树立正确的择业观。

2. 尊重他人·关爱他人

(1) 了解青少年时期情绪易波动的特点,明白情绪需要调控的道理;知道调控情绪的有效方法,如注意力转移法、合理发泄法、理智控制法等,并灵活运用这些方法进行情绪调控。

(2) 学会宽容,学会换位思考,学会为对方着想;掌握化解与同学之间矛盾和冲突的方法,提高人际交往能力,改善人际关系状态;体验友情的崇高和伟大,珍惜友情。

(3) 对空巢老人的状况有一个初步了解,记住空巢老人特别关注的传统佳节;关爱空巢老人,并懂得孝敬家中的老人。

(4) 通过讨论与分享前期准备的校园、家庭、社区环保调查报告,关注家庭环境、校园环境和社会环境,了解内在的问题,加深对环保重要性的认识,从而激发爱护环境的情感。

(5) 理解"正能量"的概念,从而将其更好地运用到生活中,努力学习,回报社会。

(6) 了解"感动中国年度人物"的光荣事迹,结合身边令人感动的人或事,观察生活、感受生活,深入体会人间真情,培养热爱生活、关爱他人的优秀品质;培养口语交际的能力,能够勇于发言,善于表达。

（7）了解经济全球化的表现，知道如何对待经济全球化；懂得文化多样性的意义，知道如何保护文化多样性；了解世界格局发生变化的具体表现和世界多极化的影响；正确理解国家间的关系。

（8）通过收集世界各国、各民族文化的信息，提高对各国各民族文化的分析、比较能力；了解世界文化的多样性；理解文化差异，知道对待文化差异的正确态度；理解和尊重不同民族的风俗习惯。

（9）懂得讲文明、懂礼貌是做人的基本品德，是人与人交往的需要，是尊重他人的表现；在实际生活中逐步学会以礼待人，与人交往时做到语言文明、态度和气、举止端庄，并能在不同情境中展现自己的礼貌。

（10）初步认识到初中所面临的竞争压力及合作互助的重要性；树立正确的竞争意识，培养团队合作的精神。

（11）知道社会为什么需要合作，如何保证社会合作的顺利进行；知道社会合作为什么需要公平，如何才算公平；培养公平合作的意识。

（12）深刻理解社会责任的意义，勇于承担社会责任。

3. 尊重自然·保护自然

（1）通过了解地球上的水资源、森林资源、珍稀动植物等的现状，认识到地球正在被破坏，保护地球迫在眉睫。

（2）了解人类探索宇宙的历史发展进程；了解我国航天技术的发展现状；明白航天技术对于人类探索自然的重要意义。

（3）描述太阳的大小、质量、温度，知道日地距离；通过观察太阳表面图，能说出太阳大气层的各部分（光球、色球、日冕）及它们的位置；熟悉日珥、太阳黑子等太阳活动，了解太阳黑子的周期；举出生活中运用太阳能的例子；简述从地心说到日心说的变革与发展。

（4）意识到生物多样性已受到严峻挑战，明白保持生物多样性对人类生存的重要性，树立保护生物多样性的意识；知道设立自然保护区是保护生物多样性的战略措施，了解我国在保护生物多样性方面取得的成就。

（5）通过阅读文本、观看课件、观察图片，知道人类起源于古猿，理解人类是在与自然环境的斗争中逐渐进化而来的，知道人类进化的四个阶段；认识到自然选择在人类起源与进化过程中的重要作用。

（6）通过实例分析自然灾害的内涵，了解常见的自然灾害；了解自然灾害的特点、分布及成因；通过分析具体事例，增强防灾减灾意识。

（7）举例说明过去和现在人类开发和利用海洋资源的方法和技术；能自己提出开发和利用海洋资源的想法并设计实施方案；了解开发和利用海洋资源过程中可能遇到的问题；知道如何保护海洋资源。

（8）了解什么是绿色社区及其评价标准；能在教师的启发下针对绿色社区建

设的有关问题提出相对合理的猜想和假设;对创建绿色社区或者社会主义生态新村展开讨论,确定调查研究的内容;增强保护环境的意识。

(9)了解城市交通对环境的影响及对策,能提出治理城市交通拥堵的设想和建议。

(10)了解能源的分类,并能通过阅读图表,说明世界能源生产和消费的特点;了解煤、石油、原子能和太阳能的特点;了解并举例说明科技进步对人类能源危机的影响,注入节约能源的意识。

(11)知道我国建设美丽中国的意义及措施;知道建设美丽中国符合哪些战略思想,思考青少年学生能为建设美丽中国做些什么。

(12)了解可持续发展的战略背景;掌握可持续发展的主要内容和基本原则;理解我国的"一带一路"倡议和可持续发展战略的实施策略。

4. 尊重社会·奉献社会

(1)通过调查,了解社会中的各行各业,并明白它们与工农业生产部门之间的关系;了解社会生产部门中各行各业之间的分工与合作关系,并认识到随着社会生产的发展,各行各业也在不断变化,相应地,人们也会随着行业的变化变换职业。

(2)概述职业道德的内涵;列举职业道德的特点和作用;掌握并说出职业道德基本规范的内容。

(3)了解重要的国际组织及其作用,知道国际组织既是国际合作的重要形式,又是国际斗争的重要场所。

(4)掌握法律规定的"公民"的基本含义和内涵,体会到树立公民意识的重要性,懂得作为新一代公民应该如何提高自身素质。

(5)掌握中国特色社会主义道路的形成历程;了解中国的基本国情和主要矛盾;正确看待中国今天的发展状况,总结发展经验,学习先进理念。

(6)了解我国的外交政策在不同的时代背景下是不断发展变化的;通过对大国外交成就的解读,体会我国日益走近世界舞台中央,在国际事务中发挥的作用也日益重要,国际地位不断提高。

(7)领会坚持对外开放、加强国际交往的必要性;理解坚持四项基本原则、坚持改革开放是中华民族伟大复兴的强国之路。

(8)学习和了解宪法规定的公民基本义务,知道拒不履行义务要承担相应的法律责任,提高积极依法履行义务的能力。

(9)了解何为理想,理想从何而来,以及理想与现实的辩证关系;明白何为社会理想,以及社会理想与个人理想的辩证关系;树立正确的个人理想,把个人理想融入社会理想。

(10)知道通过法律实现正义的两种主要方式:实体正义和程序正义;知道实体正义和程序正义的关系;知道程序正义的重要意义和作用。

（11）了解中华民族传统文化的组成部分；知道中华文化源远流长、博大精深的特点；知道中华文化的地位、作用和重要性；知道如何正确对待中华文化和世界其他文化，正确对待文化差异；通过学习中华优秀传统文化增强中华文化自豪感、归属感和认同感，增强文化自信。

（12）知道中国在国际舞台上的形象、地位和影响；理解中国在经济全球化中面临的机遇和挑战，以及中国如何应对经济全球化的机遇和挑战。理解习近平总书记新时代中国特色社会主义思想是全党全国人民为实现中华民族伟大复兴而奋斗的行动指南。

第四节　尊重进阶课程的课时安排

尊重进阶课程的实施需要有一定的课时保障，为此，我校依据新课程方案的要求和尊重进阶课程的特点，按照融合的思维进行课时的统筹安排，保障了该课程的顺利实施。

一、尊重进阶课程课时安排的基本原则

（一）全面性

各年级每学期的主题尽可能均衡地体现在各学科课程和教育活动之中，各学科教师可根据实际教学内容每学期至少选择1~2个教育主题开展相应的教学活动。

（二）一体化

贯穿1~9年级，各学科课程和教育活动尽可能均衡地涵盖尊重自我、尊重他人、尊重自然、尊重社会的四个维度。

（三）遵循新课标的要求

尊重进阶课程的实施应满足新课标对跨学科学习、劳动教育、综合实践活动、班团队活动、地方课程、校本课程的基本课时要求。

二、《义务教育课程方案（2022年版）》中的具体要求

（一）有关科目的教学时间的具体要求

《义务教育课程方案（2022年版）》中规定：书法在三至六年级语文中每周安排1课时；劳动、综合实践活动每周均不少于1课时；班团队活动原则上每周不

少于 1 课时；地方课程不超过九年总课时的 3%（使用地方课程课时在小学一年级至二年级开设外语的，不超过 4%）；劳动、综合实践活动、班团队活动、地方课程与校本课程课时可统筹使用，可分散安排，也可集中安排。

（二）课内与课后结合

《义务教育课程方案（2022 年版）》中还强调：有效利用课后服务时间，创造条件开展体育锻炼、艺术活动、科学探究、班团队活动、劳动与社会实践等，发展学生特长。

（三）不少于 10%的课时

原则上，各门课程用不少于 10%的课时设计跨学科主题学习，如表 3.3 所示。

表 3.3 各科目安排及占九年总课时比例

	年级									九年总课时（比例）
	一	二	三	四	五	六	七	八	九	
国家课程	\multicolumn{9}{c	}{道德与法治}	6%~8%
	\multicolumn{9}{c	}{语文}	20%~22%
	\multicolumn{9}{c	}{数学}	13%~15%
	\multicolumn{9}{c	}{外语}	6%~8%
	\multicolumn{9}{c	}{历史、地理}	3%~4%
	\multicolumn{9}{c	}{科学 / 物理、化学、生物学（或科学）}	8%~10%
	\multicolumn{9}{c	}{信息科技}	1%~3%
	\multicolumn{9}{c	}{体育与健康}	10%~11%
	\multicolumn{9}{c	}{艺术}	9%~11%
	\multicolumn{9}{c	}{劳动}	14%~18%
	\multicolumn{9}{c	}{综合实践活动}	
地方课程	\multicolumn{9}{c	}{由省级教育行政部门规划设置}	
校本课程	\multicolumn{9}{c	}{由学校按规定设置}	
周课时	26	26	30	30	30	30	34	34	34	
新授课总课时	910	910	1050	1050	1050	1050	1190	1190	1122	9522

说明：本表按"六三"学制安排，"五四"学制可参考确定。

综合《义务教育课程方案（2022年版）》的要求和我校的实际情况，我校各年级每学期跨学科学习时长规定如表 3.4 所示。

表 3.4 我校各年级每学期跨学科学习时长

	一年级	二年级	三年级	四年级	五年级	六年级	七年级	八年级	九年级
学期周数	17	17	17	17	17	17	17	17	16
道法	5	5	6	6	6	6	7	7	7
语文	18	18	21	21	21	21	24	24	22
数学	12	12	14	14	14	14	15	15	15
外语			6	6	6	6	7	7	7
历史							2	2	2
地理							2	2	
科学	7	7	8	8	8	8			
物理								4	3
化学							4	4	3
生物							2	2	2
信息科技			1	1	1	1	1	1	0
体育与健康	9	9	11	11	11	11	12	12	11
艺术	8	8	9	9	9	9	11	11	10
劳动	36	36	42	42	42	42	48	48	45
综合实践活动	36	36	42	42	42	42	48	48	45
地方课程	27	27	32	32	32	32	36	36	34
校本课程	27	27	32	32	32	32	36	36	34

说明：道法即道德与法治。

第四章

尊重进阶课程的实施路径

要全面推进尊重进阶课程的实施，就需要将其贯穿于每年级每学期的课程教学之中。结合国家相关政策要求和我校教育教学实际，根据尊重教育的四个维度，建议每个学年的每个学期开设 4~8 个主题。在义务教育阶段的九年共 18 个学期中，总计可以开设 72~144 个主题。各学科教师可以根据自己的教学安排，在每个学期选择 1 个主题进行教学设计，落实尊重进阶课程的相关要求，同时满足跨学科主题学习的要求。

第一节 尊重进阶课程的实施

尊重进阶课程的实施必须凭借有效的教育策略，以学生为主体，以教师为主导，根据学生的兴趣和需要及时调整策略，做到活动育人、实践育人和学科育人。

一、课时与路径

我校的尊重进阶课程每学年 16 节课，每学期 8 节课，四个维度分别占 2 节课，主要通过 5 个途径实施，分别是综合实践活动课程、道德与法治课程、班团队活动和教育活动，以及其他跨学科课程。

综合实践活动课程是按照国家规定，设立为必修课程。它涵盖学科实践活动、研究性学习活动、社区服务及社会实践等多个方面（根据新课程方案的实施要求，信息科技和劳动教育将单独开设课程）。在学时安排上，尊重进阶课程可以与综合实践活动课程相互协调，共同开展。

二、尊重进阶课程的实施

尊重进阶课程围绕热点问题展开，让学生通过行动研究解决身边的实际问题，从而提高其综合分析和解决问题的能力。

教师在实施尊重进阶课程时，可以根据教育的目标、内容及学情，灵活选择多种途径和方法。这些途径和方法包括户外教育、社区服务、实地考察、模拟游戏、志愿者活动、"四个一"活动[①]、个案研究等。

班团队活动是实施尊重进阶课程的途径之一，通过这些活动，我们可以引导学生从"习以为常"的事情中发现并解决问题。此外，学校在日常行为规范的检查中也融入了"尊重教育"的办学理念，鼓励全体师生共同参与其中。与此同时，我们与家长教师协会和社区保持紧密联系，形成强大的教育合力，努力做到全员育人、全过程育人和全方位育人。

三、选择合适的主题

（一）主题与课时

教师根据学科教学和跨学科学时的要求，选择并确定主题与课时。以"我的成长档案"为例，教师可先列举可能的学习内容。例如，道法：品德、习惯、优缺点；语文：成长中的故事；数学：身高体重统计方法；外语：自我介绍；科学：生命周期；体育与健康：营养与运动习惯；信息科技：绘制统计图；艺术：形体、特长和自画像等。

（二）主题的融合

将主题体现到跨学科学习、综合实践活动、班团队活动中。例如，跨学科学习：数学+信息科技、道法+语文、科学+体育、外语+艺术；班团队活动：演讲比赛、建团入队教育、才艺展示；综合实践活动：对父母或其他长辈进行访谈，记录成长中的变化和故事。

（三）确定与尊重进阶课程主题相关的活动主题

各年级统筹综合实践活动、班团队活动、地方课程、校本课程，主题可从跨学科主题中产生，确定几个备选主题。

（四）结合综合实践活动的要求选择并确定尊重进阶课程主题

可以将综合实践活动的主题与尊重进阶课程主题整合，形成综合实践活动主题设计框架。

[①] "四个一"活动是指北京市教委在全市中小学生中积极开展的"四个一"活动，即全市每名中小学生在义务教育阶段，都需要参加一次天安门升旗仪式，参观一次抗日战争纪念馆、国家博物馆、首都博物馆，深化爱国主义教育。

第二节　尊重进阶课程的实施实例

在尊重进阶课程实施的过程中，教师们通过班团队活动、综合实践活动、跨学科主题学习及学科融合等途径，进行了卓有成效的实践探索，并形成了一些典型案例。

一、开展跨学科的尊重进阶课程，打造"行走的"思政课

我们结合基础型课程和尊重进阶课程的实施，充分挖掘南苑机场、抗日战争纪念馆、卢沟桥、长辛店留法勤工俭学预备班旧址和"二七"纪念馆等丰台区的红色教育资源，发挥学科育人的作用与功能，大力开展了跨学科的主题教育实践活动，将"立德树人"的根本任务落实到课程实施的全过程，切实做到全员、全程和全方位育人。

南苑机场的发展史本身就是一本历史教科书，也是一个具有丰富教育资源的爱国主义教育基地。为此，我校将此作为历史教学和爱国主义教育的实践基地，在我校历史教师的带领下，道德与法治教师和其他学科教师借助南苑机场丰富的历史和爱国主义教育资源，开展了以"我了解的南苑机场""我国航空的发展历史"等主题教育实践活动。通过组织学生搜集史料、实地参观考察、交流体会等，把历史和思政小课堂与社会大课堂进行有机结合，实现了课内与课外，校内与校外的配合与互补，努力做到"理论与实践融合、历史与现实融汇、教师与学生融入"[①]，打造"行走的"思政课。

2021年，我校音乐教师王跻婷以庆祝中国共产党成立100周年为契机，设计了一节独特的"音乐实践课"作为献给党的礼物。她教学生演唱歌曲《在灿烂阳光下》，在学习这首歌曲之前，王老师布置了前置作业，要求学生以小组为单位了解歌曲《在灿烂阳光下》的创作背景并进行交流。这让学生了解到：这首歌中，从歌词"吃水不忘挖井人"开始，讲述了中国共产党领导全国人民走过的风雨历程，赞美了新中国成立以来所取得的伟大成就。

为了进一步丰富学生的艺术实践体验，王跻婷老师与道德和法治教师、历史教师合作，开展了跨学科的主题教育实践活动。他们组织学生走进卢沟桥、抗日战争纪念馆、汽车博物馆、阳光星苑社区等地，高声演唱歌曲《在灿烂阳光下》《唱支山歌给党听》《没有共产党就没有新中国》《我们是共产主义接班人》等红歌，与社会各界共同为党庆生。教师们还将这些歌曲录制成影片，并在全校进行了展播。

在这个过程中，学生不仅感受到了红歌的力量，而且深刻体会到今天来之不易

[①] 丰台区关于实施"全要素、贯通式、实践性"思政课程的工作方案。

的幸福生活是无数革命先烈和仁人志士用鲜血和生命换来的。学生在歌唱中感受，在实地参观中体验，这不仅是一堂生动的音乐实践课，更是一堂生动的爱国主义教育课。通过这样极具实践性的教学改革，我校成功打造了"行走的思政课"品牌。

二、"五星红旗，你是我的骄傲"尊重进阶课程设计

我校初中部初一年级组教师白茹、马彦芳和陈旭等将北京市中小学生"四个一"活动与尊重进阶课程的实施相结合，开展了主题为"五星红旗，你是我的骄傲"的尊重进阶课程。

课程围绕课程目标及重难点，分为三大部分开展，具体如下：

1. 行前课：天安门观升旗知识大讲堂；
2. 行中课：红旗徐徐升起，爱国种子生根发芽；
3. 行后课：五星红旗，你是我的骄傲。

课程以《北京市中小学培育和践行社会主义核心价值观实施意见》《义务教育道德与法治课程标准（2022年版）》为指导思想和理论依据，以我校尊重进阶课程体系为依托，结合新课程方案，深入分析课程资源和学情等背景，在此基础上制定了以下课程目标：

1. 通过天安门观升旗的行前课，引导学生了解天安门广场的历史与建筑、五星红旗的诞生与含义、国旗法与国旗护卫队；品读"天安门观升旗"的七律诗歌。

2. 通过天安门观升旗的行中课，引导学生在实践体验中感悟升国旗仪式的庄严与肃穆，体会作为中国人的自豪与骄傲。

3. 通过天安门观升旗的行后课，引导学生在反思中体会天安门广场升旗仪式的重要意义；在交流中，树立实现"中国梦"的坚定信念。

在行前课，以"天安门观升旗知识大讲堂"为题，又分为六大板块：（1）回望天安门百年历史。历史教师介绍天安门广场的历史、变迁与重大活动。（2）了解天安门宏伟建筑。地理教师讲述天安门广场上的宏伟建筑。（3）学习五星红旗的诞生与含义。数学教师介绍五星红旗的诞生、含义和五星红旗的规格。（4）了解国旗法与国旗护卫队。道德与法治教师引导学生初步了解国旗法与国旗护卫队。（5）品读《七律·天安门观升旗》。语文教师引导全体同学诵读诗歌《七律·天安门观升旗》。（6）小组学习"四个一"活动实践任务单中的"在天安门广场观看升旗仪式"部分。班主任指导学生以小组形式讨论、学习本次"四个一"活动实践任务单中的"在天安门广场观看升旗仪式"部分。

在行中课，教师教导学生守时、守纪有秩序，服从管理观升旗，爱国感情心中起。

在行后课，首先，教师引导学生完成"四个一"活动实践任务单中的"在天安门广场观看升旗仪式"部分。引导学生梳理对天安门观升旗的认识与感悟。其

次，引导学生以小组形式讨论、交流观后感。最后，教师设置展板，通过评比与表彰，引导学生深刻理解活动的意义，将观看升旗仪式和实现每名学生自己的"中国梦"结合在一起，进而激励学生付诸行动。

不同学科教师从不同角度介绍相关知识，并结合实践活动开展有针对性的教育。可以说，从知识和实践层面都实现了跨学科的整合，使整个教育活动实现了跨学科的完美融合，充分发挥了课程整体的育人功能。

三、"与人为善，与微笑为伴"主题教育活动课程设计

社会主义核心价值观中个人层面的"友善"强调公民之间要互相尊重、互相关心、互相帮助、和睦相处。孟宪洁老师基于这一要求，结合我校"尊重教育"的办学理念和尊重进阶课程方案中所强调的"尊重他人"维度，以"与人为善，与微笑为伴"为主题，举办了一次主题班队会。

教师在分析学生特点与班级现状的基础上，确定了以下课程目标：

1．通过观看视频，使学生深刻感受到友善的重要性。

2．通过讲述真实的故事，使学生亲身体验到友善的力量，并学会用微笑去面对生活。

3．通过制作"微笑行动卡"，鼓励学生在同学之间传递微笑，实践友善的行为。

为切实有效地实现主题班队会的"友善"目标，教师围绕"微笑"这一尊重教育行为设计了四大板块，即：（1）友善，我知晓。（2）友善，靠微笑。（3）微笑，是法宝。（4）微笑，传递好。

四大板块的结构设计巧妙，内容既相对独立又逐步提升。这不仅遵循了我校尊重进阶课程研发的初衷，也符合"与学生身心发展相适应"的教育规律。

第一板块：友善，我知晓

在板块"友善，我知晓"中，教师设置了3个教学环节。

环节一："巴赫自拍"传信号；

环节二：班级友善分享妙；

环节三：友善视频引微笑。

整个板块旨在引导学生感受友善，以教师引、学生论为主。

环节一："巴赫自拍"传信号，教师首先引导学生观看2014年南京青奥会"巴赫自拍"的视频。然后引导学生说出巴赫想通过自拍的方式向世界传达的最强有力的信号是什么？最后通过学生回答的内容"团结、友善的体育精神"引出"友善"这一话题。本环节旨在通过新闻时事引出本课主题"友善"。

环节二：班级友善分享妙。首先，教师通过手绘连环画向学生呈现班级里发生的友善小故事。然后，引导学生根据自己的观察和对班级日常生活的回忆，口述友善小故事。本环节旨在通过趣味连环画的方式，将班级故事情景再现，引发

学生思考。

环节三：友善视频引微笑。首先，教师分享"加菲猫照镜子"的视频。然后引出为学生准备的镜子。本环节旨在通过卡通故事帮助学生发现"微笑"。

第二板块：友善，靠微笑

在板块"友善，靠微笑"中，教师设置了两个环节。环节一：表情传递显微笑。环节二：微笑魔法巧制造。

在这一板块中，学生以小组为单位，根据教师的指令，对着镜子进行表情传递表演：大哭—微笑—生气—咬牙切齿。教师顺势总结：生活就像一面镜子，当你面带友善的微笑走向镜子时，你会发现镜中的那个人也满怀善意地向你微笑；而当你用粗暴的方式面对它时，你会发现镜中的那个人也会向你挥舞拳头。本环节旨在引导学生通过照镜子传递表情，懂得微笑是制造友善的魔法棒。

第三板块：微笑，是法宝

在板块"微笑，是法宝"中，教师设置了两个环节。环节一：微笑猫咪说美好。环节二：微笑故事真美妙。

环节一：微笑猫咪说美好。教师分享自制微笑绘本故事《微笑的猫》，让学生看到"微笑是法宝，让一切变得更美好！"这句话，旨在引导学生理解微笑的现实意义。

环节二：微笑故事真美妙。让学生分享自己的微笑小故事。旨在通过让学生分享微笑小故事说明自己对微笑的理解。教师顺势总结：微笑是礼貌，微笑是宽容，微笑是助人为乐……

这一板块由扶到放，让学生讲述自己的微笑故事，感受微笑的魅力，一步步引导学生在生活体验中知情、导行。

第四板块：微笑，传递好

在板块"微笑，传递好"中，教师设置了三个环节。环节一：节日纪念赞微笑。环节二：行动使者传微笑。环节三：儿歌歌曲颂微笑。

首先，通过"世界微笑日"引导学生体会微笑的重要性，并向学生发出微笑传递的倡议。其次，学生完成"微笑行动卡"，并传递给周围的同学或教师，以此引导学生在行动中传递微笑。最后，学生诵读微笑的儿歌，并在欣赏歌曲《微笑中国》的过程中，感受微笑的力量，体会"与人为善，与微笑为伴"的意义。这一板块旨在让学生学会将微笑送给他人，让世界更美好。借助合作讨论法和活动实践法，引导学生相机而动，随情而动，明白将微笑传递给别人，我们的生活会更美好。

整个主题教育活动紧紧围绕"尊重他人"这一维度，既遵循了"问题导学、少教多学、自主思学、合作互学"的课改要求，又取得了尊重他人的良好教育效果。

第五章

"尊重自我"维度的尊重进阶课程案例

前文已提过,"尊重自我"是尊重进阶课程的四个维度之一,包括认识自我、悦纳自我和超越自我的三个层次。在实施尊重进阶课程的过程中,我们通过"尊重自我"主题班队会、综合实践活动、劳动教育及学科教学融合等多种途径,将"尊重自我"的教育落到实处。这样做不仅提高了学生的自尊水平,而且促进了学生走向自理、自立并不断上进,最终实现自强。

第一节 小学主题班队会尊重进阶课程

——《我的十岁梦 我的中国梦》

依据尊重进阶课程中的"尊重自我"这一维度,李文洁老师结合四年级学生的特点和"悦纳自我"这一层次的要求,从关爱每一个学生的成长出发,设计了这样一节课,主要想让学生认识到只有远大的梦想是不够的,还需要有近期的目标。只有不断改进自身的不足,让自己变得更优秀,才有可能实现人生梦想。

一、课程背景分析

(一)理论背景

十岁左右的孩子正处于情绪控制能力培养的关键时期,情绪发展正从易变性向稳定性过渡。他们的情绪会由外露、浅显逐渐向内控、深刻、自觉转变。在这个时期,如果得到适当的教育和引导,孩子的情绪控制能力将会大大提高。随着他们情感生活的不断丰富,他们的道德感、友谊感、责任感和集体荣誉感也会进一步增强。这个年龄段的学生,其社会交往的重心也从家庭逐渐转移到学校,同伴关系和友谊成为影响他们成长的重要因素。然而，孩子毕竟是孩子，情绪控制能力有限，需要教师和家长的细心呵护和耐心引导。

（二）学情分析

我校很多学生的家庭情况为：父母平时忙于生计，对孩子的管教和关心不够，一旦发现问题就对孩子进行训斥。低年级的学生还相对听话，但进入四年级后，学生们的言行举止开始发生变化，一些不良习惯仅靠说教难以纠正。多位家长向教师反映孩子越来越难管，无论怎么说都不听，甚至会因厌烦而发脾气。面对这些问题，家长们普遍感到非常苦恼。

如何改善这种情况呢？作为班主任，李文洁老师想到通过活动来教育学生，真正触动他们的心灵。结合我校尊重进阶课程的实施要求，李老师选择了为学生办一场十岁生日会。因为班里的学生大多为随迁子女，有的学生家境不太好，有的甚至没有过过生日。此外，十岁生日具有特殊的意义，它意味着人生即将迈入一个新的阶段，是成长轨迹中的重要标志，具有里程碑式的意义。因此，有必要以"我们十岁啦"为契机，引导学生认识生命的价值、母爱的伟大，懂得珍爱生命、知恩图报，并激发学生对未来的美好憧憬，树立远大理想。

二、课程目标与重难点

（一）课程目标

1. 认知目标：通过与家长、教师的互动，体验和分享成长过程中的快乐与感动，留下值得珍藏的童年记忆。

2. 情感目标：以"我们十岁啦"为契机，认识生命的价值和母爱的伟大，培养珍爱生命、心怀感恩和懂得回报的情感态度。

3. 行为目标：

（1）通过看儿时照片和家长的生日祝福信，感受美好的童年，认识生命的价值和母爱的伟大；

（2）了解什么是中国梦，激发对美好未来的憧憬，树立远大理想；

（3）通过朗读《少年中国说》，认识到近期目标和人生梦想的关系。

（二）重难点

1. 重点：通过看家长的生日祝福信，认识生命的价值和母爱的伟大。

2. 难点：了解什么是中国梦，激发对美好未来的憧憬，树立远大理想。

三、教学过程

环节一：引出课题，看照片，忆童年	
教师活动	**学生活动**
教师：十年前的某一天，你们的妈妈历经千辛万苦，迎来了美丽天使的降临，那就是你们。从此，你们在家人的呵护和老师的教导下，茁壮成长。转眼间，已经过去了十个春秋。今天，我们齐聚一堂，共度十岁生日，共同参与"我的十岁梦 我的中国梦"主题班队会。翻开相册，追忆往昔，一张张充满童趣的照片是你们的父母用爱拍下的动人心曲。看着这些照片，相信很多同学都想起了自己的童年趣事。	1. 观看儿时照片和视频，回忆童年趣事。 2. 学生代表朗诵作文《我长大了》： 曾经，我是一个调皮的小孩…… 曾经，我是一个粗心的小孩…… 曾经，我是一个不爱干净的小孩…… 今天，我十岁了，十岁了。 我要懂事了……

设计意图：通过看照片，让学生真切感受到自己长大了。

环节二：了解十岁生日的意义	
教师活动	**学生活动**
安排中队长发言，引导学生了解十岁生日的意义。	中队长发言内容如下： 十岁意味着我们要告别童年，迈入无限憧憬的少年时代。十岁是放飞梦想的年龄，十岁是播撒希望的年龄。让我们大声地告诉世界：我已经十岁了！

环节三：阅读家长的生日祝福信	
教师活动	**学生活动**
1. 引出家长的生日祝福信 教师：你们出生以来，父母给予了你们最无私的爱。从牙牙学语到入校求学，这十年来，你们所经历的每件事情背后都有父母的陪伴。他们时而为你们高兴，时而为你们忧虑，正是父母为你们搭建起了最温暖的港湾。家长教师协会的叔叔阿姨带来了咱班所有家长写的生日祝福信，现在让我们来读一下。 2. 引导学生表达感恩之情 教师：从小到大你们都生活在爱的怀抱里，你们拥有的幸福比天上的星星还要多。满怀感恩之心，对爱我们的家人、老师表示感谢。让我们齐声唱《感恩的心》，并做手语操。	1. 读家长的生日祝福信。 2. 齐声唱《感恩的心》，并做手语操。 拥有一颗感恩的心…… 我们就会明白事理，更快地长大，我们就能够拥有一个美好的未来。

（续表）

设计意图：写信是一种非常好的沟通方式，特别是在教育孩子这方面。因为父母在写信的时候大多能够保持平心静气，且思维清晰，这是一种润物细无声的教育方式。然而，孩子往往容易将父母的话当作耳旁风，不予重视，如果将话语转化为文字，孩子就不会再忽视它们了。这种方式更容易触动孩子的心灵，让他们更深刻地理解家长的祝福、嘱托和希望。

环节四：谈心愿 诉理想

教师活动	学生活动
1. 聆听中队长的讲话。 2. 让学生思考近期目标和人生梦想，想好后写在心愿卡上。	1. 中队长解读中国梦的内涵，并领读《少年中国说》的节选内容。 2. 写心愿卡，分享心愿卡。

设计意图：本环节用中国梦帮助学生树立正确而远大的人生目标，大目标的实现需要用一个个近期的小目标做支撑，这样才走得实，走得稳。

环节五：庆祝生日

教师活动	学生活动
1. 庆祝仪式 教师：看，生日蜡烛已经点燃，烛光照耀着你们的脸庞，照暖了你们的心房。老师在这里祝全体同学"生日快乐"！让我们一起唱生日歌。 教师：现在请大家默念自己心愿卡上的内容，许下你十岁生日的愿望！ 大家一起吹蜡烛。 2. 宣读生日誓词 教师：请大家举起右手，跟随中队长宣读生日誓词。 3. 分享蛋糕	1. 唱生日歌，吹蜡烛。 2. 宣读生日誓词。 3. 分享蛋糕。

环节六：延伸活动

教师活动	学生活动
1. 总结并布置任务：写出你本节课的收获。 2. 通过家长反馈调查表，了解每一名同学本节课后在家中的变化，并对有明显转变的同学给予表彰。	思考本节课的收获，懂得感恩父母，回家后帮助父母做力所能及的事。

四、对尊重教育的体现与反思

（一）对尊重教育的体现

1. 在这次主题班队会中，教师特别设计了一个环节，即让学生阅读家长的来信。通过字里行间,学生们深切感受到了父母对他们殷切的爱和期望。一封封信件拉近了学生与其父母的距离,感恩之情也自然而然地产生。全班同学在读信的过程中都流下了眼泪,场面十分感人。这种以情感人、以情明理的活动形式,真正触动了学生的心灵,引起了他们内心的震撼。相信这样具有感染力的活动,将增强学生面对困难的勇气和力量。

2. 在课程实施中,教师引导学生理解中国梦的含义,并通过《少年中国说》的故事,使他们深刻理解"少年智则国智、少年强则国强"的道理。随后,教师指导学生确定了他们的近期目标和人生梦想。在这个过程中,教师帮助学生认识自己、接纳自己、增强自信并超越自我。

3. 本次主题班队会中,从前期的准备,到会场桌椅的摆放,再到家长教师协会的志愿者行动(读信、发信、发心愿卡、点蜡烛、切蛋糕等),不但使主题班队会得以顺利完成,达到预期效果,而且增强了家校间的彼此了解,有助于形成教育合力。对学生进行尊重自我的教育还需要家长的积极配合,尤其是对学生在家和社会上的表现进行监督与引导,以促进学生将"尊重自我"内化于心、外化于行。

(二)反思与改进

1. 在本次课程实施过程中,家长的参与度有待进一步提高。例如,在教师引导学生设定远大梦想和近期目标后,应先让学生与家长进行交流,并听取家长的意见和建议,然后对写好的心愿卡进行修改,最后在全班分享。这样,让家长更深入地参与到活动中来,可以取得更好的教育效果,也有助于在后续的延伸活动中获得家长的支持和配合。

2. 课程的内容设计还需要进一步完善。例如,除了分享蛋糕,还可以组织一些能让学生感到快乐的创新活动,做到寓教于乐,这更符合学生的年龄特点,也能让他们更积极地参与其中。

3. 对学生进行珍爱生命和感恩的教育,并引导他们树立远大的理想,这不是一节课就能解决的问题。在今后的教育教学中,应该持续关注学生的表现,并建立和完善对学生表现的评价机制。

(本案例由李文洁老师提供)

第二节　小学科学尊重进阶课程

——《身体的时间胶囊》

学会尊重自我,认可自身的价值和独特性,有利于激发自身的创造力和创新能力。只有先尊重自我,才能进一步尊重他人、尊重社会、尊重自然,因此,尊重自我是尊重教育的起点。本课程的设计对应"尊重自我"维度中的"认识自我"层次,在这一层次,学生需要更深入地了解自己,全面认识自己的各个方面,并在此基础上学会尊重自我。

一、课程背景分析

本课程让学生预测其未来的身体状况,这种预测基于学生对自己身体的了解。因此,首先要让学生了解目前的各种身体信息。此外,这种预测还源于对六年级学长的观察(如身高、体重等各个方面),这实际上是对某一特定年龄段人群身体基本情况的分析。本课程的活动涵盖了一个较长的时间跨度,旨在让学生关注自己的身体是否按照预期发展,这也是培养学生健康意识的过程,使学生明确健康成长需要注意的事项,教师可以借此机会对学生进行健康教育。本次课就像是学生的"成人礼",具有一定的仪式感。学生将记录自己生长期望的记录单封装起来,放入一个名为"时间胶囊"的容器中,并于四年后再次打开。在这四年里,学生们会努力健康成长。

在低年级阶段安排本次课是为了让学生在高年级阶段经历一个自我认识的发生和发展过程。抓住这个阶段,对学生施加影响,在六年级时,学生将会有另一次回顾和展望的机会。总而言之,希望学生的健康意识源自"对以往生活的回顾和对未来生活的规划"。

二、课程目标与重难点

(一)课程目标

1. 科学概念目标:通过本次课,能够深刻理解"在今后的一段时间里,我们的身体会不断地生长发育"这句话。

2. 科学探究目标:能够通过对长辈、哥哥、姐姐们的身体生长情况的了解,推测自己未来身体的生长变化情况。

3. 科学态度目标:通过本节课,关注自己未来的生长发育,认同"健康生活是自己的责任"这一理念。

4. 科学、技术、社会与环境目标:通过学习,能够关心自己和他人身体的生长发育,理解我们的身体都有着共同的生长发育过程。

(二)重难点

1. 重点:观察和记录目前自己的身体信息,推测自己未来身体的生长变化情况。

2．难点：能够关注自己未来身体的生长，认同"健康生活是自己的责任"这一理念。

三、课程内容设计

课程内容框架如图 5.1 所示。

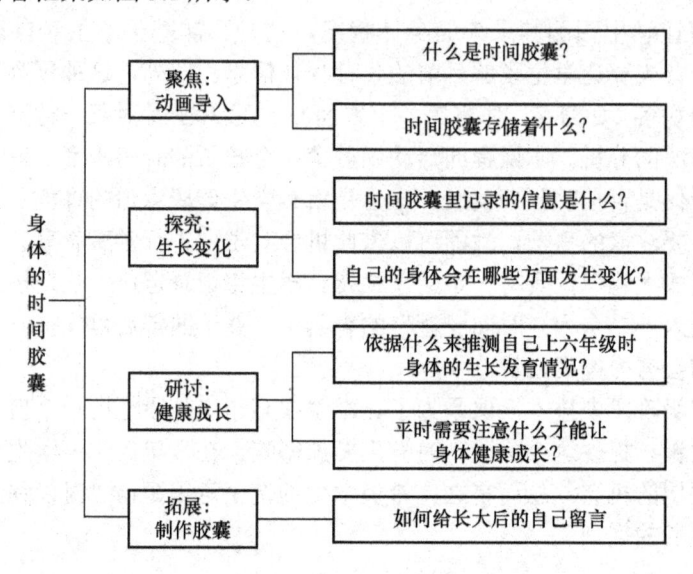

```
                    ┌─ 聚焦：    ┬─ 什么是时间胶囊？
                    │  动画导入  └─ 时间胶囊存储着什么？
                    │
身体的              ├─ 探究：    ┬─ 时间胶囊里记录的信息是什么？
时间  ──────────────┤  生长变化  └─ 自己的身体会在哪些方面发生变化？
胶囊                │
                    ├─ 研讨：    ┬─ 依据什么来推测自己上六年级时
                    │  健康成长  │  身体的生长发育情况？
                    │            └─ 平时需要注意什么才能让
                    │               身体健康成长？
                    │
                    └─ 拓展：    ─── 如何给长大后的自己留言
                       制作胶囊
```

图 5.1　课程内容框架

四、教学过程

环节一：聚焦	
教师活动	学生活动
1．播放动画片《时间胶囊》，以激发学生制作时间胶囊的兴趣。 2．展示我们身体的图片，以此引出本节课主题"身体的时间胶囊"。 3．展示一个我们的时间胶囊容器，以引发学生的共鸣。 思考：我们的时间胶囊中可以记录哪些信息？	1．观看动画片。 2．观察身体的图片。 3．思考教师提出的问题。
设计意图：通过动画片让学生了解时间胶囊是什么，激发学生的学习兴趣，调动学生的思维，提高学生学习的积极性。	

(续表)

环节二：探究	
教师活动	学生活动
1. 了解时间胶囊里记录的信息 （1）教师：在时间胶囊中，我们可以记录身体的哪些信息呢？ （2）教师：还记得上节课我们观察到的身体生长情况吗？现在，我们可以测量并记录当前的身高、体重和腿长等信息，同时可以预测四年后我们的身体各部分可能会增长多少，并将这些预测信息填写在记录单上。然后将这份记录单放入塑料瓶，密封保存。待到小学毕业时，我们可以将其取出，作为一份特殊的毕业礼物，送给自己。 2. 预测上六年级时的变化 （1）教师：请尝试预测一下，上六年级时你会变成什么样子。 （2）教师：接下来，请具体描述一下，你觉得自己的身体在哪些方面会发生变化，并阐述你的理由。	1. 使用工具进行测量并记录数据。 2. 对自身的生长情况进行预测，举例说明自己的身体预期会发生的变化。

设计意图：引导学生测量数据，使他们能够有根据地进行推断，从而进一步强化他们对健康生活的认识。

环节三：研讨	
教师活动	学生活动
1. 教师：我们依据什么来推测自己上六年级时身体的生长发育情况呢？ 2. 教师：平时我们需要注意哪些方面，才能让身体健康成长呢？	1. 引导学生对推测依据进行归类。 2. 回答教师提出的问题。（预设答案：均衡饮食、适当运动、适度使用电子产品、早睡早起等。）

设计意图：通过让学生分享彼此的健康生活经验，增强他们对健康生活的认识和意识。

环节四：拓展	
教师活动	学生活动
1. 引导学生制作自己的时间胶囊，举办一个小型的"时间胶囊保存"仪式。 2. 引导学生完成留言。	1. 制作自己的时间胶囊。 2. 参加"时间胶囊保存"仪式。 3. 完成手册中的"留言簿"：给长大后的自己留言，可以使用文字或者画图的方式，表达自己的想法。

设计意图：通过让学生亲手制作自己的时间胶囊，帮助他们更深入地了解身体的生长发育规律和健康生活的重要性。同时，这一环节也有助于培养学生主动学习的习惯。

五、对尊重教育的体现与反思

（一）对尊重教育的体现

1. 设计并制作时间胶囊，引导学生认识自我、尊重自我

本节课中，教师引导学生收集当前的身体信息，并预测上六年级时身体的变化。教师发给每个小组一把身高测量尺，让他们自行测量，这有助于锻炼学生的测量技能。教师还引导学生分享预测身体变化的依据，并交流保持健康成长的做法。此外，学生需要给未来的自己留言，完成"时间胶囊"的制作。通过这样的活动，学生将初步形成健康生活的意识，并对未来展开简单的规划。这将使他们能进一步了解自己，对自己各方面有一个概括性的把握，从而促进他们尊重自己。

2. 开展未来生活规划，逐步增强学生的健康生活意识

通过本节课，我们将启发学生进行"对未来生活的规划"。虽然二年级的学生可能还无法制订完整的规划，也没有完全的健康意识，但我们应该考虑到的是，四年后，他们将成为12岁的少年，那时他们将开始有能力、有意识地对今后的生活提出自己的希望，并做好简单的规划。到那时，可以再次打开时间胶囊，回顾自己的成长，并进行自我评价。同时，他们还将面临下一个成长阶段。"健康的生活"将继续下去，健康生活的意识也将逐渐建立起来。

（二）反思与改进

在教学过程中，教师没有充分考虑到学生的个体差异。事实上，每个学生的身体发育情况都是不同的。因此，教师应该鼓励学生根据自己的实际情况来选择要记录的信息，这样可以更准确地反映出个体差异。

通过本单元的学习，学生已经了解了自己的身体信息，但在填写时，部分学生对于"千克"这一单位的理解还不到位，容易将其与日常生活中的"斤"混淆。为了解决这个问题，今后在教学前需要对学情进行更为细致和全面的分析，并提前做好查漏补缺或讲解工作，确保所有学生能正确理解和掌握知识点。

（本案例由杨博文老师提供）

第三节　小学道德与法治尊重进阶课程

——《学会尊重》

基于我校尊重进阶课程实施方案和尊重进阶课程中的"尊重自我""尊重他人"这两个维度，结合小学六年级道德与法治课"学会尊重"中的内容，陈瑶老

师设计并研发了本节课,旨在加强对六年级学生"尊重自我和尊重他人"的教育,引导学生将"尊重"这一理念付诸行动。

一、课程背景分析

(一)理论背景

《学会尊重》是小学六年级道德与法治课"尊重、宽容、反思"单元的第一课。本单元以"自我完善"为主题,涵盖《学会尊重》《学会宽容》和《学会反思》三课内容。

六年级学生的人际交往已经从家庭、学校和社区扩展到了社会层面,积累了一些与社会其他成员打交道的经验。教师应该在学生的社会性和道德发展方面提供引导,帮助他们更好地融入社会生活。因此,我们设计了尊重、宽容等学习内容。此外,从心理发展的角度来看,六年级的学生已经开始具备一定的自我意识,而一个人的成长和完善,离不开自我反思能力。因此,自我反思成为本单元的第三个学习内容。

本单元是根据《义务教育道德与法治课程标准(2022年版)》中"我的健康成长"部分的第 2 条和第 5 条内容编写的。其中,第 2 条指出学生应懂得自尊、自爱,并具备荣誉感和知耻心;而第 5 条则强调了感恩、礼仪常识的学习,以及学会欣赏、宽容和尊重他人。

基于这些指导原则,本单元设定的总体目标为:引导学生学会自尊自爱,尊重和宽容他人,并通过自我对话和反思不断改善自己,从而实现健康成长。

第一课《学会尊重》共有三个话题,分别为"每个人都应得到尊重""尊重自己"和"尊重他人"。第一个话题起统领作用,第二、第三个话题为平行关系。

(二)学情分析

学会尊重是树立正确价值观的需要。通过对六年级三个班的调查与访谈,发现部分学生受成年人影响,会根据外表、能力、个性、成就、经济水平等把人分为三六九等,不尊重长相不好看、成绩不好、表现不佳、家庭经济水平低的人。个别学生不仅用这套功利主义的标准来评价自己身边的人,还会用这套标准来评价自己。为此,教师有责任让学生认识到每个人都有生而为人的尊严,都应得到尊重。尊重他人既是道德、法律的要求,又是个人素养和价值观的体现。

随着小学高年级学生年龄的增长与思维水平的提升,其自尊意识较中低年级阶段有了很大发展。教师的夸奖、同学的赞扬、他人的尊重,会使他们受到鼓舞。同时,由于自我评价还不稳定,自尊感相对脆弱,有的学生会因为自己的缺点和不足而贬低自己,有的学生会对他人的批评耿耿于怀,有的学生会通过哗众取宠的方式来获得关注……这时候,学生需要得到指导,认识到什么才是真正的自尊,知道可以通过哪些方式得到尊重。童年是个人人格形成的关键期，在这一时期为学生的精神世界抹上自尊自爱的底色，有益于他们一生的发展。

二、课程目标与重难点

（一）课程目标

1. 认识到每个人都拥有生而为人的尊严，都应当得到尊重。
2. 了解尊重自己的意义和主要表现。
3. 树立平等、尊重的意识，努力营造人人都能受到尊重的社会。

（二）重难点

1. 重点：树立平等、尊重的意识。
2. 难点：认识到每个人都拥有生而为人的尊严，都应当得到尊重，并能在日常生活中做到尊重自己，尊重他人。

三、课程内容设计

课程内容框架如图 5.2 所示。

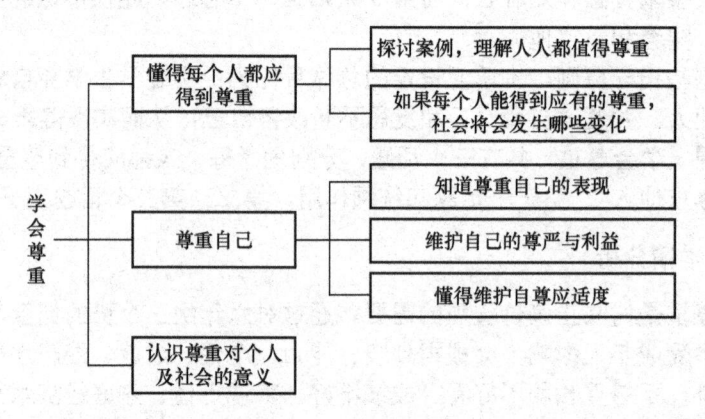

图 5.2　课程内容框架

四、教学过程

环节一：提问导入，引出课题	
教师活动	**学生活动**
教师：谢谢大家课前的问好！同学们，你们课前为什么要向老师问好？	回答教师提出的问题。 （预设答案：因为懂礼貌；因为尊重老师。）

(续表)

教师活动	学生活动
教师：尊重老师，说得好！那今天我们就一起来探讨关于"尊重"的话题。	

设计意图：通过课前问好，引出本节课主题——尊重。

环节二：探讨案例，理解人人都值得尊重

教师活动	学生活动
1. 教师：同学们，什么是尊重？哪些人值我们尊重呢？你为什么会尊重他们？ 　　2. 教师：谈到尊重，我们往往会关注取得了一定成就的人。如果他们是普通人，还值得我们尊重吗？像在学校每天为我们打扫卫生的周阿姨，每天给我们送餐的叔叔，还有校门口的保安叔叔，他们是否值得我们尊重呢？为什么？ 　　3. 教师：我们身边还有哪些像周阿姨这样值得尊重的普通人呢？来讲讲他们的故事吧。比如，快递员、菜农、服务员、销售员…… 　　教师总结：无论是取得一定成就的人，还是默默无闻的普通人，都是独一无二的，都值得尊重。 　　4. 讲解《中华人民共和国宪法》中有关尊重的条款。 　　5. 教师：如果每个人能得到应有的尊重，社会将会发生哪些变化？ 　　6. 教师总结：尊重是一种智慧，一种修养，一种美德，在平等与尊重中，我们能感受到更多的快乐。	1. 回答教师提出的问题。（预设答案：因为他们为社会做出了贡献，或在某个领域取得了巨大成就，抑或他们具有强烈的责任感和勇敢精神。） 　　2. 思考并回答问题。 　　3. 讲述身边值得尊重的人的故事。 　　4. 认真听讲。 　　5. 思考并回答问题。

设计意图：通过对比，让学生懂得每个人都值得尊重，人人生而平等，从而引导学生深入理解尊重的内涵。

环节三：创设情境，学会尊重自己

教师活动	学生活动
1. 尊重需要悦纳自己 　　（1）教师：同学们，尊重源自内心深处对他人的欣赏、关爱和体谅，它是一种美德。现在我们明白了在生活中要尊重每一个人。然而，对于我们每个人来说，还有一个同样重要的人值得尊重，那就是我们自己！	**1. 尊重需要悦纳自己** 　　（1）默读刘菲写在心语本上的话，思考刘菲是用什么样的眼光看待她自己的，并回答教师提出的问题。

(续表)

教师活动	学生活动
教师：有个学生叫刘菲，班里开展活动时，她总是借故不参加，班主任从她写给老师的心语本中找到了原因。（展示心语本上的内容。） 教师提问：你觉得刘菲是一个尊重自己的人吗？为什么？ 教师追问：你有什么好的建议可以帮助刘菲走出困境，让她发现更好的自己呢？ 教师总结：悦纳自己才能吸引别人，尊重自己才能赢得他人的尊重。我们要善于发现自己的优点，接纳自己的不足，关爱自己，鼓励自己前进，这些都是尊重自己的表现，这就是人们常说的"自我接纳"。 （2）教师：除此之外，尊重自己还有哪些表现呢？请同学们进行小组讨论。 **2. 尊重需要自爱** （1）教师：刘菲采纳了大家的建议后，真的有了显著的变化。班级里有一些同学，在尊重自己这方面是这样做的，请看大屏幕，你们发现了什么？ 展示一组照片，照片上的内容如下。有些学生在校园里随意丢弃垃圾，在楼道里打闹，抄其他同学的作业，上学迟到，还夸大其词地说："我的成绩提高了，就能为我们班赢得荣誉，同学们都会表扬我。" （2）教师提出问题：这些同学的想法和行为真的能体现出尊重自己及维护自己的形象吗？你认为怎样做才算是尊重自己呢？ 教师总结：当我们做出一些不良行为时，会被看作不遵守规则的人，这会损害我们的形象和名誉，这是不尊重自己的表现。每个人都应该注意维护自己的形象，珍视自己的名誉，恪守自己的承诺，成为真正尊重自己的人，这也就是人们常说的"自爱"。	（2）在组内分享、交流尊重自己的表现，并选出学生代表进行汇报。 **2. 尊重需要自爱** （1）观看照片并思考。 （2）讨论并回答教师的问题。 （预设答案： ① 这些行为都不是尊重自己的表现，尊重自己的人应该注意维护自己的良好形象； ② 缺乏公德心、不遵守校规、骄傲自大、言而无信等均不是尊重自己的表现； ③ 这些行为是对自己的不尊重，因为在楼道里打闹既不文明也不安全； ④ 乱扔垃圾让我们的生活环境变差了，这是不尊重自己的表现； ⑤ 经常迟到、不守时会导致老师和同学不再信任我。）

(续表)

教师活动	学生活动
3. 尊重需要适度维护 （1）教师：说到"维护形象"，在我们的生活中常常会遇到一些"好脾气"先生。他们非常注重维护自己的形象，总是满脸笑容，对每个人都亲切而友好。但是，"好脾气"先生也有自己的烦恼，让我们一起来看看吧。（展示教材第6页的内容。） （2）教师："讲道理"先生说"好脾气"先生的做法是不尊重自己的表现，他说的有道理吗？为什么？ （3）教师：如果"好脾气"先生还是老样子，过于注重维护自己的形象，你觉得以后还可能会发生什么事情？ （4）教师：面对冒犯和侮辱，"好脾气"先生可以怎么做？请大家进行小组讨论。 （5）教师总结：尊重自己，并不意味着排斥他人给你的正确建议，不能为了维护自己的形象而无原则、无底线地做事，这也不是尊重自己的表现。面对一些违法行为和不尊重别人的言语，要敢于当面指出错误，要求对方道歉，必要时拿起法律武器维护自己，惩戒恶人，这样才能转变被恶人欺负的境遇。 （6）教师：在面对冒犯和侮辱时，我们要学会维护自己，那是不是意味着任何人都不能批评我们呢？让我们来做做"脑力体操"。 展示学习要求： 判断以下哪些行为属于"尊重自己"，哪些行为属于"过度维护自己"。说说你判断的理由。 （7）教师总结：看来尊重自己与接受别人的批评是不矛盾的，如果过于爱面子、输不起、说不得，就是过度维护自己。我们应该客观评价自己，既相信自己的能力，又能认识到别人可能比自己更优秀，要理性对待他人善意的批评。这就叫"维护自己应适度"。	3. 尊重需要适度维护 （1）认真阅读教材内容。 （2）回答教师的问题。 （3）回答教师的问题。 （4）进行小组讨论。 （5）听讲并思考教师的话。 （6）做"脑力体操"。判断哪些行为属于"尊重自己"，哪些行为属于"过度维护自己"，并说明理由。 （7）认真倾听教师的总结并思考。
设计意图：通过案例分析，让学生学会尊重自己的方法，做到尊重自己。	

(续表)

环节四：总结	
教师活动	学生活动
总结本节课内容并带领学生齐诵关于尊重的名言。	齐诵关于尊重的名言。

环节五：课后延伸	
教师活动	学生活动
让学生在课后留心观察身边有关尊重的小故事，并与同学分享。	在课后留心观察身边有关尊重的小故事，并与同学分享。

五、对尊重教育的体现与反思

（一）对尊重教育的体现

由于本班学生已经学习过与尊重有关的话题，因此教师首先从课前的学生问好入手，让学生自主提出"尊重"这一主题，然后循序渐进、由浅入深地展开教育活动。接着将教育的重点放在"尊重自己"这一部分，充分利用教材上刘菲的故事，通过置换角色引导学生帮助刘菲发现其优点，在潜移默化中让学生学会反思，发现自己的优点，相信自己的价值。最后通过"好脾气"先生的故事和情境判断，让学生学会尊重自己。

（二）反思与改进

在教育内容的选择上，本节课基于教材内容，选择贴合学生生活实际的案例情境，将学习的主动权还给学生，实施自主、合作、探究的学习方式。通过提供资料、视频等资源，带学生进入情境，学会判断，获得感悟和认识，提升情感体验。在日常生活中，学生对尊重自己和尊重他人都有了全新的认识和思考，然而，在行为表现方面还存在不足之处。

反思本节课的不足之处，具体如下。

一方面，需要进一步了解学生的心理特点，并鼓励学生积极分享；另一方面，打造行之有效的合作学习课堂的能力还有待提升。对学生进行尊重自我和尊重他人的教育是一个持续引导和践行的过程，教师需要结合我校尊重进阶课程的实施，注重学生的生活经验，关注学生在学校、家庭和社会中的表现，并引领学生更好地将尊重的价值导向内化于心、外化于行。

（本案例由陈璠老师提供）

第四节　心理健康教育尊重进阶课程

——《我的情绪"小怪兽"》

人首先要尊重自己，才能尊重他人和社会。尊重自己是尊重教育的起点。对于正值青春期的初中生而言，身心发展处于不平衡期，自尊心增强，情绪波动较大。美国心理学家埃利斯的"情绪ABC理论"告诉人们：人不是被事情困扰着，而是被对事情的看法困扰着。因此，在自身情绪产生波动时，用积极的想法和信念看待事情，从而拥有正向情绪和行为显得至关重要。鲁玉霞老师结合尊重进阶课程中尊重自我维度的要求和初中生情绪易波动的实际情况，设计了主题为"我的情绪'小怪兽'"的尊重进阶课程。

一、课程背景分析

（一）理论背景

在《中小学心理健康教育指导纲要（2012年修订）》中，初中年级心理健康教育的主要内容中有一条：鼓励学生进行积极的情绪体验与表达，并对自己的情绪进行有效管理。在丰台区心理健康教育课程目标整体架构之初一情绪调试模块中，明确了两个主要的教育目标：情绪的觉察与接纳和积极调节情绪。首先，情绪的觉察与接纳旨在帮助学生了解什么是情绪，并能客观正确地看待情绪。其次，积极调节情绪旨在让学生了解保持积极情绪的方法，并通过体验积极情绪来培养情绪管理能力。我们将教育并引导学生如何制定并实施保持自己积极情绪的策略，让学生学会从积极的角度控制情绪。

（二）学情分析

当学生步入初中阶段时，他们的生理和心理都会经历一定的变化。随着学习压力的增大和人际交往的复杂化，他们可能会遇到迷茫、情绪失控等问题。尤其是处于青春期的学生，更容易与同学、家长产生冲突，甚至可能采取过激行为，这不仅会伤害他们自己的身心健康，也可能对周围的人造成不好的影响。

由于学生的思维尚未成熟，他们往往无法充分认识到情绪调节的重要性，容易放任情绪的波动或压抑自己。这种现象对他们的成长是不利的，因此，我们需要引导他们了解情绪调节的重要性，并让他们有意识地练习这项技能。目前，学生因情绪导致的问题时有发生，学生的心理健康越来越受到家长、学校和社会的重视，所以有必要通过班队会让学生意识到情绪控制的重要性，帮助其了解消极情绪的破坏力，学会一些调节情绪的方法。

二、课程目标及重难点分析

（一）课程目标

1. 情感目标：了解情绪的基本类型，理解情绪的来源，并认识到调节情绪的重要性。
2. 认知目标：通过案例、情景剧等，了解情绪产生的原因及其对生活产生的影响。同时体会情绪的重要性，培养积极调控情绪的态度。
3. 行为目标：通过小组讨论、自我反思和经验分享的方式，学会一些调节情绪的方法，并尝试在实际生活中应用这些方法。

（二）重难点

1. 重点：认识到调节情绪的重要性。
2. 难点：了解情绪的来源，学会调节情绪的方法并加以应用。

三、教学过程

课前准备：代表怒气冲冲、兴高采烈、惊慌失措、提心吊胆、伤心郁闷、悲伤不已等多种情绪的卡片。

环节一：情绪涂鸦	
教师活动	学生活动
1. 课堂游戏"我比你猜" 宣布游戏规则，维持课堂秩序。 2. 情绪万花筒 教师：情绪有其基本形式，我国古代有"喜怒哀惧爱恶欲"七情之说。现在一般将情绪划分为"快乐、愤怒、悲哀、恐惧"四种基本形式。 通过板书展示四种情绪：快乐、愤怒、悲哀、恐惧。 3. 课堂游戏：花样鼓掌 宣布游戏规则：根据对快乐、愤怒、悲哀、恐惧这四种不同情绪的喜爱程度选择鼓掌方式。	1. 一位学生在台上随机抽取一张卡片，用表情、动作等非口头语言信息表达卡片上所写的情绪，台下的学生猜台上的学生想要表达的是什么情绪。 2. 通过教师的板书，了解四种基本情绪。 3. 参与课堂游戏，思考情绪是否有好坏之分。

(续表)

教师活动	学生活动
花样鼓掌 根据喜爱程度选择鼓掌方式： 轻声点指 → 一点点喜欢 轻声鼓掌 → 喜欢 大声鼓掌 → 比较喜欢 大声鼓掌加跺脚 → 很喜欢 （喜 怒 哀 惧） 归纳情绪的概念，提问：情绪是否有好坏之分？ 4. 归纳与思考 与学生共同归纳情绪的概念：情绪是指个体在受到某种刺激后产生的一种身心激动的状态，它也是人们对各种客观事物或对象的内心感受，是一种主观而真实的个人体验。总的来说，情绪本身并没有好坏之分，关键在于如何适度地把握和表达它。	4. 与教师一起归纳和思考。

设计意图：通过课堂游戏，活跃课堂气氛，让学生体验不同的情绪，感受情绪的意义，以引入本节课主题。

环节二：情绪放大镜（案例分析）

教师活动	学生活动
1. 放大镜一：范进中举 范进是一位士人，他的生活一直很贫困。他不断参加科举考试，想改变命运。尽管他参加了二十多次考试，但直到五十四岁才考中了秀才，接着他又参加了乡试并成功考中了举人。然而，在收到"考中举人"这个令人兴奋的消息后，范进却因过度开心而导致精神错乱，最终陷入疯狂状态。 教师：通过范进中举的案例，我们可以得出一个教训，即情绪需要适度控制。过度的情绪反应可能会对我们的身心健康产生负面影响。 2. 放大镜二：半杯水——学习情绪 ABC 理论 刚刚上完体育课的你满头大汗，口渴难耐。当你回到教室时，发现你的杯子里有半杯水，这时你会有什么感受呢？ 通过分析对半杯水的感受，引出情绪 ABC 理论。	1. 分析范进中举案例。 2. 通过案例学习情绪 ABC 理论。

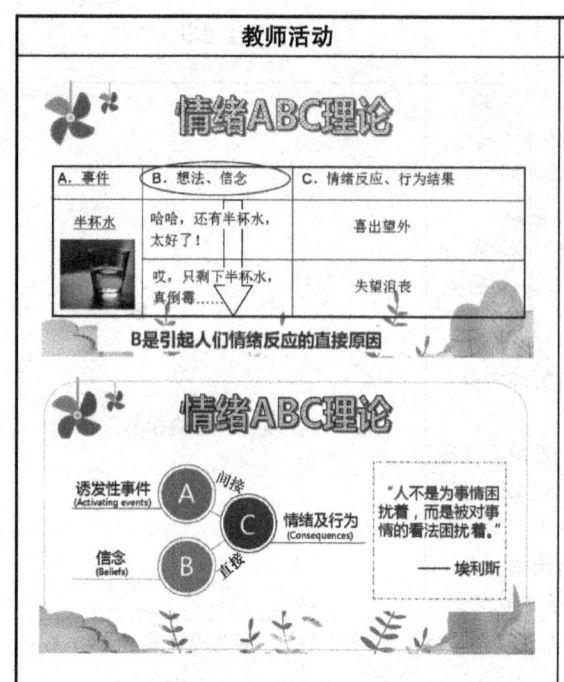

(续表)

教师活动	学生活动
[情绪ABC理论示意图]	
3. 案例分析："椅子事件"情景剧：班级冲突再现——应用情绪 ABC 理论 这是一个看似平常的课间，课代表小王照例将老师的椅子（老师在教室批改作业用的椅子）摆放在教室的右侧，然而今天坐在教室右侧的小明却有些不乐意，于是他把老师的椅子移到了教室左侧。他心里想：老师不在我的视线前方，这样上课时我就可以"溜号"了。小王看到后，又把椅子移回了右侧。小明不甘示弱，再次把椅子移到左侧，小王也毫不退让地将椅子移回右侧。两人就这样你来我往地争执起来，严重影响了课间正在休息的小刚。小刚被他们的吵闹声惹怒了，抓起面前的椅子朝小明挥去。紧接着，就听见小明的一声尖叫，只见小明重重地摔倒在了地上……	3. 应用情绪 ABC 理论分析近期班级中发生的"椅子事件"，感受调节情绪的重要性，并进一步归纳积极与消极情绪带来的影响。

设计意图：通过不同的案例和情景，让学生感受情绪调节的重要性，学会分析不同情绪的直接诱因，掌握情绪 ABC 理论。

环节三：情绪控制

教师活动	学生活动
1. 情绪诊断，我有高招 引导学生进行小组讨论，归纳调节情绪的方法和策略。	1. 进行小组讨论并分享调控情绪的方法：改变认知评价、转移注意力、合理宣泄、放松训练等。

(续表)

教师活动	学生活动
合理宣泄情绪的方法： ● 你可以在伤心的时候和忧伤一起哭一哭。 ● 生气的时候你也可以陪着愤怒一起跳动、一起喊叫，把愤怒都喊出来。 ● 和亲人朋友们倾诉、抱一抱。 转移注意力法：专注地做自己想做的事情 画画、唱歌、吃美食、阅读、睡觉、运动。	
2. 绘制"情绪树" （1）引导学生主动发现、分析和反思自己的情绪，并进行持续的情绪跟踪。让他们回想近两周所经历的各种情绪，思考是哪些人或事引发了这些情绪。同时，引导他们思考在遇到这些情绪时应如何进行调节。 （2）让学生绘制出属于自己的"情绪树"，树枝代表不同的情绪；果实象征着情绪的疏通；树叶则代表针对这种情绪的具体调节策略。 鼓励学生及时觉察并调节自己的情绪，让他们的"情绪树"能够结出丰硕的"果实"。	2. 回想近两周所经历的各种情绪，思考是哪些人或事引发了这些情绪；思考在遇到这些情绪时应如何进行调节；绘制属于自己的"情绪树"。
设计意图：让学生通过小组合作，学会调控情绪的方法。	
环节四：与情绪做朋友	
教师活动	学生活动
展示《新时代的中国青年》白皮书中关于"做情绪的主人"的内容，引导学生在今后的学习生活中正确调整自己的心态，接受情绪，学会和自己的情绪做朋友，做自信达观、积极向上的中国青年。	学习《新时代的中国青年》白皮书中关于"做情绪的主人"的内容，学会和自己的情绪做朋友。
设计意图：激发学生做自己情绪主人的内驱力。	

四、对尊重教育的体现与反思

（一）对尊重教育的体现

在我校尊重进阶课程的实施中，强调学生学会认识自我，控制和调整自己的情绪和行为，并养成良好的生活和行为习惯。通过本节课的学习，有助于学生在未来的学习生活中悦纳自我，认识到每个人都有优点和不足，学会接受现实中的自己，善待自己、尊重自己、保护自己。同时，也有助于学生学会直面自己内心的情绪，掌握调节情绪的方法，正确调整自己的心态，接纳情绪，并与它融洽相处，将情绪视为朋友。

（二）反思与改进

1. 在情绪涂鸦环节，虽然游戏和涂鸦确实增加了课堂的活跃度，但学生大多仅停留在表面情绪体验上。学生可能只是简单地感受到不同情绪的氛围，但缺乏对情绪深层来源和影响的深入理解。为了提升学生的参与体验，可以考虑引入一些深度思考的问题或活动，例如，"你认为这个情绪为何产生？"或"这个情绪对你的日常生活有何影响？"这有助于学生更深入地探索自己的情绪。

2. 由于时间限制，介绍调节情绪的方法时未详细说明每种方法的适用情境和使用时应注意的事项。在后续教育中，应持续引导学生，帮助他们更好地理解和应用这些方法，避免在实际操作中出现误区。同时，可以结合实际生活情境，提供一些具体的例子或建议，以帮助学生更好地掌握这些方法。

3. 本节课使用了评价量规，关于评价量规，目前的量规虽然提到了自评、组评、师评的多元评价方式，但具体的评价标准和内容尚不够明确，可能导致主观性评价偏差。例如，对于课堂参与态度和实践应用的具体评价标准需要更详细地描述，以确保评价的客观性和准确性。

（本案例由鲁玉霞老师提供）

第五节　初中主题班队会尊重进阶课程

——《学习党的二十大，争做阳光少年》

根据尊重进阶课程中尊重自我和尊重社会这两个维度，结合党的二十大胜利召开的大背景和新初一学生对新学段各方面不够适应的特点，尤其是学生对自我同一性的认识尚处于混沌状态这一现状，班主任罗怡雯老师选择了"学习党的二十大，争做阳光少年"这一主题。本主题班队会旨在引导学生认识自我、悦纳自我，学会团结合作并增强责任感，认识到自己的行为决定了所在集体的样貌，从而促使学生自发地改进自己的行为习惯，立志成为一个有理想、有本领、有担当的"尊道敬学、立己达人"的阳光少年。

一、课程背景分析

（一）理论背景

班队会召开的时间恰逢中国共产党第二十次全国代表大会召开之际。此次大会是在全党全国各族人民迈入全面建设社会主义现代化国家新征程、向第二个百年奋斗目标进军的关键时刻举行的一次极其重要的会议。对于北京的初中生来说，这是一次加强爱国主义教育的绝佳机会，可以进一步增强他们的使命感、责任感和荣誉感。

（二）学情分析

七年级学生刚刚从小学升入初中，面对的是全新的教师、同学和环境。一方面，他们需要学会适应新的环境；另一方面，这个年龄段的学生正处在青春期初期，身体方面会发生很大变化。同时，所学科目增多，难度增大，这些变化和挑战让很多七年级学生难以适应，甚至感到迷茫和无助，导致他们在认识自我和悦纳自我方面出现偏差。

本主题班队会的设计，旨在切合当下党的二十大这一背景，并立足于我校培养目标——有本领、有理想、有担当的"尊道敬学、立己达人"的阳光少年和本班的班级文化。期望通过这次班队会，给学生以思想上的引导和情感上的熏陶，帮助他们更好地认识自我、悦纳自我，明确自己与集体的关系，逐步适应初中生活，改善自己的行为习惯，增强使命感和责任感，从而增强班级的凝聚力。

二、课程目标与重难点

（一）课程目标

1. 学习并识记党的二十大的相关知识，结合党的二十大报告，分享自己的心得体会，增强理想信念。
2. 理解个人与集体的关系，明确"你怎么样，班级就怎么样，家庭就怎么样，中国就怎么样"，在党的二十大代表的榜样引领下，意识到自己能为集体做哪些贡献，明确自己的行为目标，改善自己的行为习惯，增强班级凝聚力。
3. 理解学校的培养目标和班级文化，并增强对其的认同感。

（二）重难点

1. 重点：理解学校的培养目标和班级文化，并提高对它们的认同感，从而通过自我成长促进集体进步。
2. 难点：理解个人与集体之间的关系，增强自我反思和改进意识，培养坚定的理想信念。

三、教学过程

课前准备

1. 组织学生观看党的二十大开幕会，并要求其撰写个人心得体会。
2. 学生提前学习和了解关于党的二十大的相关背景知识。

3. 在之前的班队会上，学生共同商讨并确定了班名和班级誓言。
4. 学生以小组为单位选择一位党的二十大代表进行研究，并制作PPT。
5. 学生提前回顾自己的经历，写下自己生活中被照亮的故事。
6. 教师收集相关的教育资源，并制作阳光少年卡和PPT。

环节一：走进党的二十大——"党的二十大"知识问答	
教师活动	**学生活动**
首先展示周日观看党的二十大开幕会的照片，然后进行"党的二十大"小组知识问答。本次知识问答共有5道题目，学生可以通过举手进行抢答，并通过积分决出获得第一名的小组。最后对获胜的小组给予表扬。	先观看党的二十大开幕会的照片，然后参与"党的二十大"小组知识问答。
设计意图：通过知识问答的形式，提高学生的学习兴趣，增强学生对党的二十大的理性认识。	
环节二：走进党的二十大——让学生分享感想	
教师活动	**学生活动**
1. 让学生分享自己观看党的二十大开幕会的感想。 2. 根据学生的感想，提出疑问：你与奋进新时代有什么关系？是不是总是在嘴上说着要努力学习，为祖国奋斗，但在行动上却停滞不前？在遇到困难时，是否有勇气坚持自己的理想信念？ 3. 播放视频《在这个怀疑的时代，我们依然需要信仰》。 4. 教师：视频中，让人印象最深刻的是"你怎样，你的国家就怎样。你光明，中国就不再黑暗"。你怎样，你的班级就怎样；你怎样，你的家庭就怎样；你怎样，你的国家就怎样！大家反观自己目前的状态，反思一下进入初中后的表现。有的同学出了问题，不反思自己的行为，反而喜欢推卸责任。对比一下历史上的爱国志士，你感到惭愧吗？想想祖国未来赋予你的重任，以现在这样的状态，未来你靠什么去迎接新时代的挑战？	1. 分享自己观看党的二十大开幕会的感想。 2. 思考教师提出的问题，并进行反思。 3. 观看视频《在这个怀疑的时代，我们依然需要信仰》。 4. 结合视频，思考教师说的话。
设计意图：让学生更加深刻地理解党的二十大的意义和价值，认识到今天的中国离不开无数先辈的辛勤努力。同时，也让学生明白祖国的未来寄托在他们身上。	
环节三：争做阳光少年——追逐光	
教师活动	**学生活动**
1. 教师：下面请两个小组来分享他们找到的关于党的二十大代表的故事。 2. 教师总结：这些党代表就像火炬和灯塔，照亮了前方的道路，带领着全国人民在社会主义现代化的道路上不断前行。同时，在我们身边也有很多平凡的人，他们虽然没有做出惊天动地的大事，但他们在自己的工作和生活中默默努力，为他人带来了光明。	两个小组分享党的二十大代表的故事。第一组分享徐梦桃代表的故事；第二组分享张桂梅代表的故事。

（续表）

设计意图：通过学习党的二十大代表的故事，让学生感受到这些党代表对国家发展和民族振兴所做出的贡献，并明确自己未来前进的方向。

环节四：争做阳光少年——感受光

教师活动	学生活动
让学生通过小组讨论交流自己生活中被照亮的故事，并派小组代表在全班分享这些故事。	通过小组讨论交流自己生活中被照亮的故事，并由小组代表在全班分享这些故事。

设计意图：通过分享自己被照亮的故事，让学生明白不是只有杰出人物才可以影响他人，每个人都可以对别人产生积极影响。

环节五：争做阳光少年——成为光

教师活动	学生活动
1. 朗诵鲁迅先生的关于青年责任的名言。 2. 教导学生牢记学校的育人目标，进一步理解班级文化的内涵，把本班的班名和班级誓言牢记在心，并在日常行为中践行。 3. 让学生完成"阳光少年"卡。 让自己闪亮，我将做到：＿＿＿＿＿＿ 照亮家庭，我将做到：＿＿＿＿＿＿ 照亮班级和学校，我将做到：＿＿＿＿＿＿ 4. 让学生分享自己的"阳光少年"卡。 5. 教师总结。	1. 朗诵鲁迅先生的关于青年责任的名言。 2. 牢记学校的育人目标，进一步理解班级文化的内涵。 3. 完成"阳光少年"卡。 4. 分享自己的"阳光少年"卡。

设计意图：通过鲁迅的名言及学校文化和班级文化，让学生坚定信念。同时，将"阳光少年"卡作为辅助工具，可以从自我、家庭、班级和学校等多个方面帮助学生改善不良行为习惯。

环节六：延伸活动

教师活动	学生活动
布置延伸活动任务。 1. 深入学习：继续深入学习党的二十大的相关内容，了解党的二十大对未来生活的影响，以及学生在祖国建设中的责任。 2. 落实行动：在教室后面的墙上粘贴每个同学的"阳光少年"卡，并定期反馈和监督，帮助每个同学真正成为"阳光少年"。 3. 树立榜样：根据学生的表现和同学与老师的反馈，每个月评选出班级的"阳光榜样"。 4. 建设文化：围绕"阳光少年"的目标，结合本班的班名，继续丰富和完善班级文化建设。	完成延伸活动任务。

四、对尊重教育的体现与反思

（一）对尊重教育的体现

在本次主题教育班队会的设计中，教师结合党的二十大即将召开的背景和七年级学生刚入学的实际，通过党的二十大知识问答、分享感想、追逐光、感受光、成为光等环节，引导学生认清形势，感受榜样的力量，并反观自己，从而逐渐让学生认识自我、悦纳自我、不断超越自我。尊重自我的教育贯穿始终，收到了良好的教育效果。

（二）反思与改进

1. 在导入环节，知识问答虽然激发了学生的参与度和课堂学习的积极性，但对学生的感染力可能不够强。如果让学生观看建党以来或党的十八大以来我国发展取得的历史性成就的视频，可能会对学生的心灵产生更大的冲击力，更能激发学生产生奋进的力量。

2. 在"感受光"与"成为光"这两个环节之间的过渡不够自然。如果将学生讲述党的二十大代表的故事与观看榜样故事的视频相结合，可能会更有助于学生体会榜样的力量，激发学生的斗志。

3. 对学生的教育只是第一步，更重要的是将教育效果转化为实际的行动。这就需要教师在课后加强对学生实际表现的跟踪指导与评价。同时加强家校合作，努力形成教育合力，只有这样，才能收到更好的教育效果。

（本案例由罗怡雯老师提供）

第六章

"尊重他人"维度的尊重进阶课程案例

　　根据尊重进阶课程的四个维度,在"尊重他人"维度中,包含理解他人、携手他人和关爱他人三个层次。在尊重进阶课程的实施过程中,我们首先进行学情调查和研究,在此基础上,班主任、任课教师和家长等全员参与研讨和研发课程。我们通过"尊重他人"主题班队会、综合社会实践活动、劳动教育及学科教学融合等途径,将尊重他人的教育落到实处,这有助于学生之间、师生之间建立团结友爱、互帮互助、共同发展的和谐关系。

第一节　小学主题班队会尊重进阶课程

——《与同学交往》

　　本节课为主题班队会,主题是"尊重他人",在本节课中,我们将通过学生角色扮演和师生讨论,共同解决青春前期的学生如何正确处理同学关系的问题。本次主题班队会的目标是引导学生尊重他人的观点、兴趣爱好及交往原则,同时尊重异性间的差异,并做到和而不同、互相理解。

一、课程背景分析

(一)理论背景

　　《中小学心理健康教育指导纲要》中明确规定了小学高年级心理健康教育的内容,主要包括:帮助学生正确认识自己的优缺点和兴趣爱好,在各种活动中悦纳自己;着力培养学生的学习兴趣和学习能力,端正学习动机,调整学习心态,正确对待成绩,体验学习成功的乐趣;开展初步的青春期教育,引导学生进行恰当的异性交往,建立和维持良好的异性同伴关系,扩大人际交往的范围。

　　处于青春前期的小学高年级阶段,学生应该了解如何建立同学间的友谊,并学会同情、关心他人，尽己所能帮助弱势群体。同时，教师应引导学生进行适当的异性交往，帮助他们掌握人际交往技巧，理解并接纳异性，尊重他人，并能够体谅和关心他人。

同伴关系有助于培养学生的社交能力。在与同伴相处的过程中，学生逐渐习得社会交往技巧，并体验到归属感和安全感。通过与同龄人比较，他们能更客观地评估自己的能力，增强自我效能感。与同伴在一起，学生可以学习与他人沟通与合作的能力；在相互帮助下，可以学会如何与人合作；在争吵打闹中，可以学会如何解决冲突；在共同成长中，可以学会如何取长补短。同伴关系还能提升学生的适应能力。一般来说，受同伴欢迎的儿童通常具有较强的认知能力，能取得更好的学习成绩，他们较少表现出破坏性和攻击性，其性格特征包括友好、可靠、合作和忠诚，并能够给予他人积极的情感支持。进入青春期后，他们的社会适应能力往往更强。相反，那些在朋友交往中遇到困难的儿童可能对他人的情感不敏感，也难以适应新环境。同伴关系为学生提供了强有力的情感支持，可以帮学生减轻孤独感，从而增强自尊心，获得勤奋感。

（二）学情分析

六年级学生正处于青春前期，这个阶段的他们活泼好动、好胜心强、以自我为中心。在与同学交往的过程中，他们常常缺乏尊重，容易引发矛盾。例如，男生之间打闹时可能会失去分寸，甚至大打出手；女生之间则可能出现情绪失控的情况，做出推桌子或扔书等行为，导致同伴关系紧张。同时，男女生之间的相处距离也难以保持适当。他们在交往中往往不能尊重彼此的喜好、交往方式及差异性。因此，非常需要通过主题班队会等方式来帮助他们学会人际交往技巧，理解并接纳同学，做到尊重他人，理解他人。

二、课程目标与重难点

（一）课程目标

1. 情感目标：通过角色扮演，学会控制情绪，能够合理地解决问题。
2. 认知目标：通过师生讨论，学会运用心理学上的情绪 ABC 理论解决问题，以积极乐观的态度看待问题，并学会尊重他人。
3. 行为目标：通过本次班队会，学会交往技巧，做到内心坦荡、言谈得当、举止得体，尊重他人。

（二）重难点

1．重点：通过此次班队会，学会交往技巧，做到言谈得当、举止得体、尊重他人。

2．难点：与同学发生矛盾时，能够运用情绪 ABC 理论去解决问题，积极乐观地看待事物，改变自己的认知。

三、教学过程

环节一：风云人物重磅出场
主持人：话说六二班，名为骐骥二班，叱咤风云两年有余。入驻新校区后，因其非凡的战斗力、桀骜不驯和年少轻狂，火速出圈，遐迩闻名！上到学长学姐，下到学弟学妹，无人不知，无人不晓。可谓名声大噪。六二班班主任申老师熟读孙子兵法，见招拆招，阅人无数。这不，今天六二班在举行武林盛会，看申老师如何运筹帷幄。风云变幻的一天开始啦！ 　　李轩轩（拿着喇叭喊）：Everything is ok！Yeah！
设计意图：通过角色扮演，让学生迅速进入情境，激发学生的兴趣，引入本次班队会的主题。
环节二：女女对打，声嘶力竭
主持人介绍第一组演员：张星星和李小乐。 　　张星星，追星达人，有自己的偶像，经常摆弄偶像的贴纸，关注偶像的一举一动，梦想自己有一天也能成为偶像！ 　　李小乐，也是一名"资深"的追星达人，经常和张星星一起讨论偶像，分享追星的乐趣，两个人常常形影不离。 　　**场景一** 　　现在是课间休息时间，同学们都在忙碌地做课前准备。然而，张星星和李小乐却在此时发生了争执。 　　张星星说："我的偶像更好看，比你的好看。" 　　李小乐说："得了吧，我的才好看呢，你的偶像太丑了，奇丑无比。" 　　张星星说："你说谁难看呢，你再说一遍，你的才难看呢！"一边说一边踢李小乐的椅子。 　　李小乐见状说道："你干吗踢我椅子！" 　　此时，张星星的旁边出现了两个小人，一个小白人，一个小黑人（小白人代表积极的想法，小黑人代表消极的想法）。 　　小白人说："你冷静点儿，每个人的想法不一样！" 　　小黑人说："她居然说你的偶像奇丑无比！" 　　李小乐的旁边也出现了一个小白人和一个小黑人。 　　小白人说："每个人都有自己的看法，你觉得她有值得你学习的地方就足够了！" 　　小黑人说："她居然说你的偶像难看，还踢了你的椅子，这也太过分了吧！"说完，李小乐就掀翻了张星星的桌子，随后两人扭打在一起。 　　旁边的同学赶紧拉开了她们！李轩轩迅速起身拿着大喇叭喊道："Emergency! Emergency! Miss Shen，不好了，女女对打了"！申老师迅速跨步走来，简单了解情况后安抚了她们的情绪，并在确认没有人员受伤后决定下课后再解决这个问题。

(续表)

设计意图：通过角色扮演，让学生能够更好地理解和体验女生之间的相处模式，学会尊重对方的喜好。
环节三：男男对打，如火如荼
主持人介绍第二组演员：铁头和李大壮。 　　铁头，这个长着圆圆的大脑袋的小男孩就是我们班的铁头，人见人恨，不对，他是人见人爱的调皮大王，聪明伶俐，偶尔还显得乖巧懂事。 　　李大壮，自称干饭第一人，在体育课上一跑步就腿疼，腰疼，手疼……走路都是一瘸一拐的。但是每到吃饭的时候，他就健步如飞，饭到病除，每日食堂打卡总是第一名。 **场景二** 　　铁头说："来啊，咱们打水仗！" 　　李大壮说："可以啊！" 　　两个人拿着塑料瓶，开始互相喷水！只喷了两下，"咱们先休战，休战！"大壮蹲下来系着鞋带说。而铁头喝了一口水后，突然"噗"的一声吐了出来，水直接喷到了李大壮的头上！李大壮摸了摸湿漉漉的头发，生气地说："你居然把口水吐在我头上，你干吗呢！"说着，就推开了铁头。 　　铁头说："你推我干吗，不是闹着玩呢吗？" 　　李大壮说："那你吐我干吗，吐我脑袋上了，闹着玩也不能吐我脑袋上啊！" 　　这时候，铁头的旁边出现了两个小人，一个小黑人和一个小白人。 　　小黑人嚷嚷道："他居然推你，不是闹着玩呢吗？" 　　小白人说："冷静一些，不要冲动！" 　　小黑人说："铁头，你就得收拾他！太气人了！" 　　小白人说："别打架啊！冷静，冷静！" 　　小黑人说："他刚才也往你身上喷水了啊！怎么开不起玩笑啊！" 　　李大壮的旁边也出现了一个小黑人和一个小白人，他们在激烈地争吵！ 　　小黑人说："铁头居然往你头上吐口水，你得还去啊！他太过分了！" 　　小白人说："铁头和你闹着玩呢，别生气！" 　　小黑人说："不行，这实在太欺负人了！" 　　小白人说："不能打架，咱们去找老师吧！" 　　小黑人说："不能咽下这口气！" 　　李大壮旁边的小黑人和小白人说完，李大壮和铁头就扭打在一起，像两个球一样！同学们立刻开始拉架，但即使被拉开后，李大壮和铁头仍在骂骂咧咧。 　　李轩轩拿着喇叭飞奔到申老师办公室说道："Emergency! Emergency! Miss Shen, Miss Shen! Boys Battle!" 　　申老师匆匆赶到后，班长把事情的经过一五一十地告诉了她，申老师点了点头说："好的，我知道了，我们先上课吧！"
设计意图：通过角色扮演，让学生体会到男生之间的相处模式；通过观看心理小人（小白人和小黑人）的反应，引导学生反思自己的行为，知道应如何冷静地处理问题，尊重交往的原则，把握打闹的尺度，不可用暴力解决问题。

(续表)

环节四：男女对打，不可开交

主持人介绍第三组演员： 阿文、崔芳芳、莫大龙、赵小雨。
  阿文，爱好是踢球，经常在班里换球鞋，臭气熏天，不对，是臭气熏班。他号称足球小王子，力大无比，有大力士、战神之称。
  崔芳芳，落落大方，笔名为崔大方，性格大大咧咧，人缘极好，专治各种不服，正义的化身，不过手段有时简单粗暴！
  莫大龙，因为年龄比较大，大家戏称他为龙哥，不爱学习，爱打闹，外形很酷。
  赵小雨，外形很漂亮，很受大家的喜爱，爱笑、爱闹，恬静可爱。
  场景三
  阿文，崔芳芳，莫大龙，赵小雨。
  崔芳芳和赵小雨在看漫画书，阿文和莫大龙凑过去，一会儿抓一下崔芳芳和赵小雨的头发，一会儿揪一下她们校服上的帽子。
  崔芳芳说："你们别打扰我们，我们在看书。"
  赵小雨说："对啊，你们去那边玩吧！"
  可阿文和莫大龙不听，还是在那里继续闹。
  阿文拽着赵小雨的头发说："你看看，这是假发吧，哈哈哈！"
  莫大龙说："对，我们再使劲儿拽一下，看看能不能揪下来！"一边说，一边在揪赵小雨的头发！
  崔芳芳说："你俩没事吧！"
  阿文和莫大龙旁边出现了一个小黑人和一个小白人。
  小黑人说："至于吗？太小气了，玩一下头发而已！"
  小白人说："冷静一下，好男不和女斗！咱们是男子汉，应该多包容！"
  小黑人说："凭什么让着她们，气死了！"
  小白人说："冲动是魔鬼，我们要冷静，我们去找老师吧！"
  崔芳芳和赵小雨旁边也出现了一个小黑人和一个小白人。
  小黑人说："这两个男生太气人了，居然随便玩你们的头发！"
  小白人说："别生气，咱们和他们讲道理。"
  小黑人说："讲什么道理！不可理喻，直接回击。"
  小白人说："冷静，冷静！咱们好女不和男斗。"
  小黑人和小白人说完，双方打了起来，旁边的同学赶紧上前劝架。
  李轩轩又扛着喇叭冲向申老师的办公室，说道："Miss Shen，男女混战啦！Help！"

设计意图： 通过角色扮演，让学生了解与异性交往的适当距离，把握交往的尺度，尊重异性差异，保持良好的人际关系。
环节五：师生讨论，迎刃而解

教师活动	学生活动
1. 教师：今天发生了三件不愉快的事情，在解决这些事情之前，我们先看一个案例。	1. 阅读课件上的案例。

(续表)

教师活动	学生活动
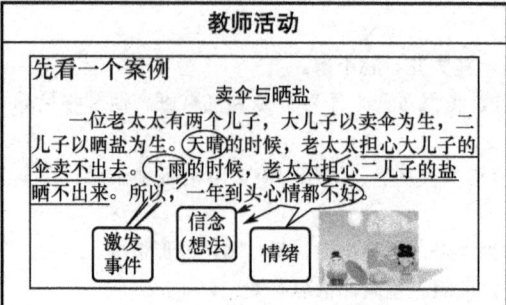 先看一个案例 **卖伞与晒盐** 一位老太太有两个儿子，大儿子以卖伞为生，二儿子以晒盐为生。天晴的时候，老太太担心大儿子的伞卖不出去。下雨的时候，老太太担心二儿子的盐晒不出来。所以，一年到头心情都不好。 激发事件 → 信念（想法）→ 情绪 教师：看完这个案例，我们用情绪ABC理论来分析一下。 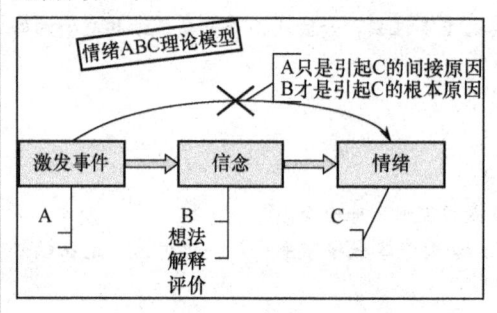 **情绪ABC理论模型** A只是引起C的间接原因 B才是引起C的根本原因 激发事件 → 信念 → 情绪 A　　　　B（想法/解释/评价）　　C 2．教师：那我们用情绪ABC理论来解决今天的事情。在张星星和李小乐的事件中，A、B、C分别代表什么。 教师：那我们应该怎么做？ 3．教师：在铁头和李大壮的事件中，A、B、C分别代表什么？ 教师：我们应该怎么做？	2．分析在张星星和李小乐的事件中，A、B、C分别代表什么。 （预设答案： A代表谈论自己的偶像； B代表你对他人偶像的评价； C代表吵架、动手。） 思考应该怎么做。 （预设答案： （1）学会以多元的视角看待偶像。 （2）尊重每个人的喜好和选择，尊重其他同学对偶像的选择，实现和谐共存。 （3）不要盲目崇拜，要在偶像身上找到榜样的力量，并养成独立思考的习惯。） 3．分析在铁头和李大壮的事件中A、B、C分别代表什么。 （预设答案： A代表打水仗游戏； B代表对喷水事件的看法； C代表打架。） 思考应该怎么做，并回答。 （预设答案： （1）注意掌握开玩笑的分寸。 （2）以正确的方式解决矛盾，避免采取暴力手段。 （3）寻求第三方或老师的协助来解决问题。）

(续表)

教师活动	学生活动
教师：情绪 ABC 理论带给我们的启示是什么？	思考情绪 ABC 理论带给我们的启示，并回答。 （预设答案： （1）从积极的角度看待问题。 （2）正确看待他人的负面评价。 （3）尊重差异，尊重他人。）
4．教师：在赵小雨等 4 位同学的事件中，正确的做法是什么？	4．分析在赵小雨等 4 位同学的事件中，正确的做法是什么。 （预设答案： （1）在与异性交往时，要举止大方，保持适当距离，注意场合，并尊重对方，交往的动机应该是单纯且真诚的。 （2）内心坦荡，言谈得当，举止得体。 （3）男生和女生正常交往的空间距离通常是 44 厘米。 （4）要尊重性别差异。）
设计意图：通过对以上案例的分析，让学生了解交往技巧，知道对待问题要冷静，不可冲动，学会冷静地化解矛盾，并学会尊重他人，尊重性别差异。	

环节六：活动评价

项 目	很 好	较 好	不 能
我能尊重同学的喜好，不妄加评论。			
我能遵守交往原则，正视矛盾。			
我能尊重异性之间的差异，保持适当距离，把握交往的尺度。			

四、对尊重教育的体现与反思

（一）对尊重教育的体现

我们依据尊重进阶课程中尊重他人维度的"理解他人、关爱他人"两个层次进行了本主题班队会的设计。本主题班队会将三个表演活动串联了起来。第一个表演活动——女女对打，旨在让学生学会彼此理解和尊重，做到不妄自评论他人，做到和而不同。第二个表演活动——男男对打，旨在教育学生友好相处，正视矛盾，不用暴力解决问题，尊重同学之间不同的交往方式，以及性格的多样性和不同的交往原则。第三个表演活动——男女对打，旨在启发男生和女生之间互相理解，尊重性别差异，团结友爱。

（二）反思与改进

通过本次主题班队会，学生与他人相处时的态度和行为有了明显的好转。班级中不文明的现象减少了，取而代之的是团结友爱、积极向上的氛围。然而，仍然存在一些问题，例如不尊重他人隐私，一意孤行地帮助他人等。众所周知，建立良好的人际关系是一个长期且潜移默化的过程。教师需要反复进行教育，才能让学生真正学会尊重他人，并将这种尊重内化为自己的内心信念，外化为实际行动。

在今后的教育活动中，教师可以让学生就"先尊重再协助""尊重他人，建立良好的同学关系"等话题进行深入探讨。例如，如何尊重个人权利和自由，如何尊重多样性，如何尊重时间管理与需求，以及如何在尊重隐私的前提下协助他人？通过对这些话题的讨论，引导学生思考如何与他人长期友好相处。这样，在讨论与反思中，学生可以进一步加深对理解他人、携手他人和关爱他人的理解，从而改善自己的行为，提高与同学交往的能力，并建立和谐、健康的人际关系。

（本案例由申雪老师提供）

第二节　小学道德与法治尊重进阶课程

——《同学相伴》

《同学相伴》是小学道德与法治三年级下册第一单元的最后一课。本单元以"自我与同伴"为主题，设计了四节课的内容：《我是独特的》《不一样的你我他》《我很诚实》和《同学相伴》。首先，通过认识交往主体，帮助学生认识自己和了解他人。其次，引导学生树立和而不同、友好相处的交往观念。再次，聚焦学生的诚实品质，引导学生通过学校生活中的师生互动和同伴交往来学习人际交往的基本要素。最后，在前三课的基础上，回到同伴关系这一主题，引导学生营造快乐美好、团结友爱的同伴关系。

一、课程背景分析

（一）教育主题分析

本课分为两个部分。第一部分的主题是"同学相伴的快乐"，旨在引导学生感受与同伴在一起的乐趣，并愿意与他们相处。在这个部分，我们分三个层次来探讨：通过做游戏体验与同伴在一起的乐趣；通过回忆过去的故事体会与同伴在一起的乐趣；通过想象没有同伴的生活理解同伴的重要性。第二部分的主题是"不让一个人落下"，目的是让学生初步形成群体意识，确保每个学生都能融入群体。在这个部分，我们同样分三个层次来探讨：通过游戏培养学生的群体意识，让学生深入理解"不让一个人落下"的意义；反观校园中忽视、冷落和排斥同学的现象，让学生了解被群体排斥后的感受；通过大雁互助的故事来培养学生的群体意识。

（二）学情分析

根据调查，本班级有 34 名学生，其中 20 名是独生子女。由于多数学生在家中没有兄弟姐妹，他们与同龄人交往的机会相对较少，因此他们与同龄人相处方面的经验及集体意识可能较弱。随着年级的增长，学生的社交活动会变得更加多样化，包括文艺活动、体育活动和劳动实践活动等。这使得学生交往的方式、复杂程度及内容都比前期有了很大的变化。

在过去两年半的学校生活中，学生已经积累了较多与同学相处的经验。虽然对学生来说，快乐是校园生活的主要体验，但仍然存在冷落、忽视和排斥的现象，使得一些学生无法享受到共同学习的乐趣。通过本节课的学习，可以让学生认识到与同学一起合作学习和开展丰富多彩的活动可以带来更多的快乐，并体验到校园生活的多彩多姿。同时，通过有效引导，可以帮助学生树立正确的同伴交往观念，学会与不同性格的同学交往，提升交往能力，能够处理交往过程中遇到的问题，丰富同伴交往经验，努力做到相互尊重，和谐共处。

二、课程目标与重难点

（一）课程目标

1. 感受同学之间友谊的珍贵，以及这种友谊所带来的快乐。
2. 能够认识到同学和集体对个人成长的重要性。
3. 体验到与同学相伴的快乐，并理解同学和集体对个人成长的重要意义。

（二）重难点

1. 重点：感受与同学相伴的快乐。
2. 难点：理解同学和集体对个人成长的重要意义。

三、课程内容设计

课程内容框架如图 6.1 所示。

尊重进阶课程的设计与实施

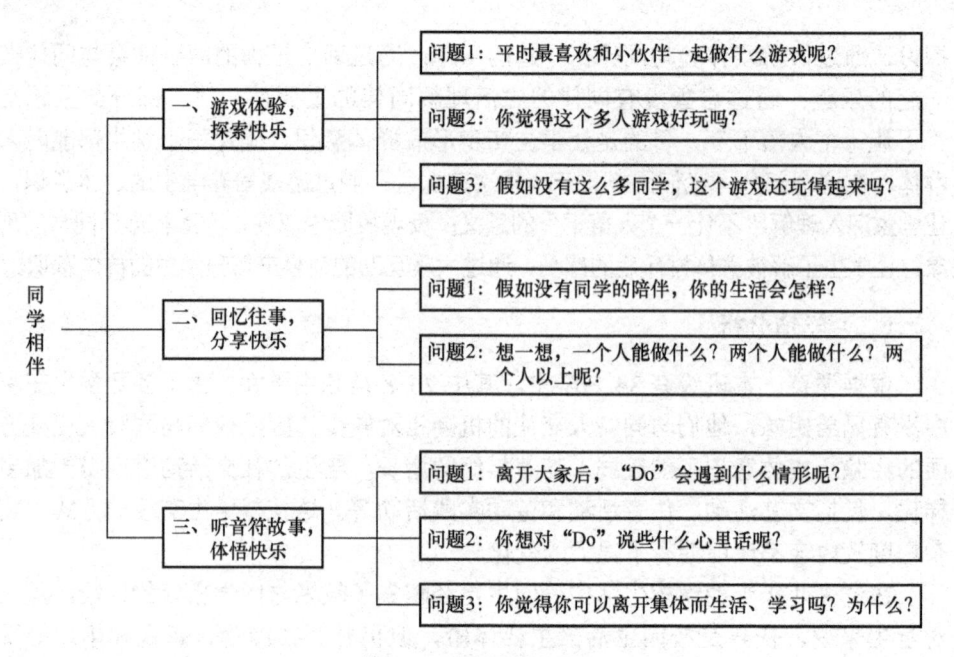

```
                    ┌─ 一、游戏体验，  ┌─ 问题1：平时最喜欢和小伙伴一起做什么游戏呢？
                    │   探索快乐    ├─ 问题2：你觉得这个多人游戏好玩吗？
                    │              └─ 问题3：假如没有这么多同学，这个游戏还玩得起来吗？
                    │
   同                │ 二、回忆往事， ┌─ 问题1：假如没有同学的陪伴，你的生活会怎样？
   学  ──────────────┤  分享快乐    └─ 问题2：想一想，一个人能做什么？两个人能做什么？两
   相                │                      个人以上呢？
   伴                │
                    │ 三、听音符故事，┌─ 问题1：离开大家后，"Do"会遇到什么情形呢？
                    │   体悟快乐    ├─ 问题2：你想对"Do"说些什么心里话呢？
                    └──            └─ 问题3：你觉得你可以离开集体而生活、学习吗？为什么？
```

图 6.1　课程内容框架

四、教学过程

环节一：课前展示，歌曲引入	
教师活动	**学生活动**
1. 教师：首先请四位同学朗诵《雷锋日记》。 2. 教师：集体主义的光芒照耀着我们，时光飞逝，转眼间，我们星宇班这个团结的班集体已经成立了两年半的时间。在这个温馨的大家庭里，同学们一起学习、一起玩耍，留下了无数美好的回忆。今天让我们一起来探讨主题"同学相伴"，分享与同学在一起的快乐时光。（展示本节课主题，展示学生集体照。）	1. 四位同学朗诵《雷锋日记》。 2. 全班齐唱《学习雷锋好榜样》的前两段。
设计意图：结合我校3月"学雷锋"主题教育活动，通过朗诵、歌唱的方式导入新课。	
环节二：介绍朋友，感受快乐	
教师活动	**学生活动**
1. 教师：在学校里，你们肯定交了很多朋友吧，谁愿意介绍一下自己的好朋友呢？你和你的朋友经常一起玩什么？你为什么喜欢和他（她）做朋友呢？如果好朋友就在你面前，你想对他（她）说些什么？	学生1：我的好朋友是……我们经常一起画画、做游戏、外出游玩。我喜欢和她在一起，她很搞笑，而且谦虚、聪明、乐于助人，我想和她做一辈子的好朋友。

(续表)

教师活动	学生活动
教师也可以分享自己和小学同学的快乐往事，以及现在还互相问候、互相帮助的故事。 2. 教师总结：有朋友的感觉真好，和朋友在一起的时光真美妙！	学生 2：我的好朋友是……她的字在全班堪称最佳，她还乐于助人，每当同学遇到困难时，她总是主动上前提供帮助，老师和同学们都特别喜欢她。 学生 2（对好朋友说）：和你在一起，我很开心，我想和你永远做朋友，感谢这么多年你对我的陪伴，愿我们的友谊地久天长。

设计意图：通过让学生介绍自己的朋友，让学生感受和朋友在一起的快乐。

环节三：游戏体验，探索快乐

教师活动	学生活动
1. 教师：同学们，你们平时最喜欢和小伙伴一起做什么游戏呢？今天，老师和同学们一起玩一个游戏——蒙眼画五官。 2. 使用课件展示游戏规则： （1）选出两组同学，每组 5 人，分别承担画眼睛、鼻子、耳朵、眉毛和嘴巴的任务。 （2）另选 1 名同学作为监督员，监督大家是否遵守游戏规则。 （3）每组同学排好队，分别站在两个圆圈的前面，用眼罩蒙住自己的眼睛，并让监督员检查。 （4）其他同学组成大众评审团，评出哪组同学画的五官位置最准确、最好看。 3. 小采访：你觉得这个多人游戏好玩吗？假如没有这么多同学，这个游戏还玩得起来吗？	1. 回答：木头人、撕名牌、打篮球、下棋、玩电脑、骑车、露营、跳绳、丢沙包…… 2. 聆听游戏规则后，两组同学一起玩游戏，其他同学做评审工作。 3. 思考并回答问题。

设计意图：通过玩游戏，学生可以体会到同学相伴能够带来更多的快乐。

环节四：回忆往事，分享快乐

教师活动	学生活动
1. 教师：请同学们两人一组，分享你和同学在一起的故事。 要求： （1）分享的同学注意语言表达清晰、生动； （2）认真聆听同学的分享，同时能进行适当的补充和提问。	1. 两人一组，分享并在小组汇报交流。 学生分享的内容如下。 课间玩耍的快乐： （1）笑掉大牙的魔方故事会。 （2）课间闹别扭，第二天就主动和好。 合作的故事：

（续表）

教师活动	学生活动
	（1）猫怪物创新思维比赛中的团队故事。 （2）参加"魅力校园"比赛的难忘瞬间。 —— 鼓励的故事： 在香山革命纪念馆游历和登顶的过程中互相鼓励。 —— 挑战成功的故事： 与同伴一同挑战高难度任务并取得成功。 —— 游玩的快乐： （1）在公园草坪上与同伴一起打滚、追逐、分享美食。 （2）在海边玩耍、看海、拾贝、堆沙子。 （3）和同学一起骑行、露营、春游、采摘、烧烤，以及共同庆祝生日。 —— 乐于助人的快乐： （1）××同学忘带文具，同桌主动借给他。 （2）组长主动帮助××同学解决难题。 （3）××同学忘拿水杯，其他同学主动跟老师说并帮忙解决。 （4）全班同学在××同学的腿扭伤期间提供了无微不至的关心与帮助。
2. 教师：假如没有同学的陪伴，你的生活会怎样？想一想，一个人能做什么？两个人能做什么？两个人以上呢？	2. 小组交流、分享展示。 学生 1：如果没有同学的陪伴，我会感到很难过，一个人只能看书、看电视，会感觉很无聊。但是如果有个同伴，就能一起聊天、打球，而且人多了还可以做更多有趣的事情

（续表）

教师活动	学生活动
3．教师总结： 　　与同学相伴是十分快乐的，这种快乐源自我们一起玩游戏、共同努力、共同面对挑战，以及我们共同取得的胜利。	学生2：一个人确实有点孤单，可以看书、学习、画画、练字。两个人可以分享小秘密，下棋，还可以分享看过的书和画过的画。当人数增加到三个以上时，玩得可就更多了，可以进行三人两足运动、接力比赛、拔河比赛、毛毛虫游戏等。如果是成百上千人的话，甚至可以举办一个大型的运动会。

设计意图：通过小组的分享和交流，让学生比较单人游戏和多人游戏的不同体验，感受与同学相伴的快乐。

环节五：听音符故事，体悟快乐

教师活动	学生活动
1．教师：每个小伙伴，手拉手、心连心，一个都不能少，然而却有一个小朋友认为可以独自一人。请同学们来欣赏一段优美的音乐。 　　2．教师：七个音符组合在一起能演奏出许多美妙、动听的乐曲。正因为如此，这七个音符的关系一直都很融洽，大家觉得谁也离不开这个群体。可是有一天，"Do"认为自己是群体中的老大，本领也是最大的。于是，他决定离开大家，独自去闯天下。 　　离开大家后，"Do"会遇到什么情形呢？请根据你的想象说一说、演一演。你想对"Do"说些什么心里话呢？你觉得你可以离开集体而生活、学习吗？为什么？	1．倾听音乐《Do-Re-Me》。 　　2．两人一组，说一说、演一演。 　　学生1：离开大家的"Do"，在离开时感到非常开心，他迎来了自由，骄傲地来到了一家剧院。有人邀请他演奏音乐，他充满自信地开始演奏，然而，尽管他很努力，却只能发出单调的音符，再也演奏不出美妙的音乐了。我想对"Do"说："我们每个音符都至关重要，我们是一个集体，谁也离不开谁，只有我们团结在一起，才能演奏出美妙的乐曲！" 　　学生2："Do"来到了舞台上，他独自一人，发出单调的声音，舞台下的人不禁哈哈大笑，嘲笑他演奏的音乐难听。他再也听不到人们的赞美和掌声，在一声声嘲笑中，他失去了自信和勇气。我想对"Do"说："雷锋叔叔曾经说过：'一滴水只有放到大海里才永远不会干涸。''Do'，你赶快回去吧，你离开了自己的同伴，是演奏不出动听的音乐的。只有你们组合在一起，才能演奏出美妙的乐曲。"

（续表）

教师活动	学生活动
教师：是啊，独自前行，走得更快；结伴同行，走得更远，让我们欢迎音符"Do"重新回到集体！ 3. 师生总结：离开了集体，我们将会孤立无援，我们应该积极融入集体，参与集体活动。正因为有了同学的陪伴，我们的学习、生活才会充满乐趣。	学生3："Do"走后，其他的音符一直在努力表演，可是无论怎么演奏，都没有那么规律和完整。只有"Do"回来了，才能把这些音乐重新变得美妙、优雅。我们还是一起把"Do"找回来吧！"Do"啊"Do"，你快回来吧，如果你能回来，我们还能做朋友！ 学生4：我是音乐界的老大"Do"，今天我离开了我的同伴，独自闯天下，我好开心啊。我来到了一家餐厅，有客人请我演奏音乐。我要露一手了，展示一下我的魅力！Do Do Do Do Do Do Do Do，咦？怎么有点奇怪，演出来的音乐好单调啊。 学生5：Do，你离开了大家，是演奏不出完整、好听的音乐的，你快回去吧，大家到处找你呢，都欢迎你回归集体！ 学生6：感谢大家对我的不离不弃，现在我就要回到集体中去，我感到离开了集体，我独自一人是不行的，感谢我的同伴！

设计意图：让学生感受同伴的重要性和集体的力量，体会到团队的意义。

环节六：快乐相伴，总结提升

教师活动	学生活动
1. 师生总结：有同学相伴，任务变得轻松；有同学相伴，生活处处有乐趣；有同学相伴，快乐时有人分享；有同学相伴，难过时有人分担。有同学相伴是一件多么快乐的事情！ 2. 播放有关"同学相伴"的视频短片。 3. 教师总结：同学相伴，精彩继续，星辰大海，未来可期！	1. 与教师共同总结。 2. 欣赏"同学相伴"的视频短片，唱视频配乐歌曲《童年》。

设计意图：通过欣赏"同学相伴"的视频短片，进一步突显"同学相伴"这一活动主题，增强班级的凝聚力，起到画龙点睛的作用。

五、对尊重教育的体现与反思

（一）对尊重教育的体现

我们基于尊重进阶课程中尊重他人维度的"理解他人、携手他人和关爱他人"三个层次，进行了本节课的设计。结合我校少先队"学雷锋"主题月活动及班级平时开展的各项活动，我们选取了相应的素材，研发了具有校本特色的课程。这有助于实现从"教教材"到"用教材教"，以此引导学生学习方式的转变，更好地调动学生的生活经验，引起学生的共鸣，提高教育的实效性。

在当代社会，儿童的同伴关系是一种至关重要的社会关系。相较于亲子关系和师生关系，儿童在同伴关系中处于平等互惠的地位，这种关系对儿童社会交往能力的提升具有不可替代的作用。

本课旨在引导学生感知与同学相伴的快乐与重要性，并激励他们在生活中与同学合作和分享。本节课中，通过一系列活动，使学生深刻体会到同伴的重要性和集体的力量，学生不仅感受到了与同伴友好相处和乐群的重要性，而且在活动的体验中得到了理解他人、携手他人的教育引领。整体而言，本节课的教育活动取得了良好的效果。

（二）反思与改进

尽管本节课达到了预期的教育效果，但教师在观察学生的日常交往行为时仍然发现了一些问题。因此，对学生进行理解他人、携手他人和关爱他人的教育不是通过一两次教育活动就能解决的。在让学生体会到同伴重要性的同时，还需要加强对其日常交往行为的引导，特别是要加强对学生实际表现的跟踪评价与指导。只有这样，才能使学生将尊重他人内化于心、外化于行。

在今后的尊重教育实施过程中，应将尊重进阶课程和道德与法治课有机结合，并加强对学生评价的研究，将学生的日常表现纳入课程学习的评价范畴，以更好地发挥评价的良好导向作用。

（本案例由陈瑶、孙琳老师提供）

第三节 初中体育与健康尊重进阶课程

——《足球伴我成长》

初中生身体的变化使他们产生了"成人感"，然而，由于其心智尚未成熟，他们容易表现得固执和偏激。同时，他们具有强烈的求知欲和探索精神，因此兴趣广泛、思想活跃且敏感，喜欢进行奇特的幻想，而且具有创新的见解。

根据初中生青春期的以上心理特点，针对我校七八年级男、女生之间存在的排斥合作现象，以及在意见尚未达成一致时，就因情绪影响而无法良好相处等问题，我们在与年级组长和班主任充分沟通后，设计了"足球伴我成长"主题教育活动。期望通过此次活动，在实现跨学科主题学习的同时，进一步促进学生间的相互尊重、有效沟通和团结合作，并激发学生参与体育锻炼的热情，提升其体育与健康的核心素养。

一、课程背景分析

（一）理论背景

体育与健康课要培养的核心素养是学生通过较长时间的学习，在知识内化、行为养成、品德修为基础上逐渐形成的，是学生在体育与健康活动和情境中体验、探索、感悟和解决问题的结果。根据《义务教育体育与健康课程标准（2022年版）》，可得出体育与健康课程目标要围绕"运动能力、健康行为和体育品德"三方面的核心素养展开，教学中要落实"教会、勤练、常赛"的要求，注重"学、练、赛"一体化教学，要使学生在体育与健康活动和情境中经历、探索、感悟并解决问题，得到锻炼，受到教育，发展素养。通过本足球主题教育课程的设计与实施，学生将全面认识自我，找到适合自己的角色，并在活动中肩负相应的责任。同时，他们将在比赛、追求集体荣誉的过程中，深刻理解和体会与他人相处的方法和意义。在球队建设中，学生将发挥自己的主体作用，学会尊重他人的合理意见，进行有效的沟通与合作。通过跨学科主题学习，学生的运动能力和数据统计分析能力也将同步得到提高。计算机网络分享技术等专业知识的应用，将有助于发挥多学科的育人功能，促进学生核心素养的发展。

（二）内容分析

在本课程中，学生能够展示和练习足球技能，在足球对抗运动中灵活运用运球、传球、射门等基本动作技术和组合动作技术，同时掌握支援、接应、盯人、压迫、协防与保护、角球和定位球等攻防技术。他们还将深刻理解足球运动的比赛规则，并在比赛中熟练运用规则，甚至能够承担裁判工作。在展示足球技能的同时，学生还将对比赛中的运动员上场时间、犯规次数、角球数、传控比例等相关数据进行统计和分析。这不仅展示了比赛的专业性，而且能够使学生对足球比赛进行专业的评判。

值得注意的是，在比赛中，学生将通过制作二维码或链接，利用计算机网络分享技术，进行全程直播。通过这一实践，学生能在复杂情境的实际问题的解决中提高综合解决问题的能力。

（三）学情分析

本课程的对象是我校七年级和八年级的全体学生。这些学生在小学和初中的学习中已经对足球技术和规则有了初步的了解。由于正处于青春期，他们具有强烈的求知欲和探索精神。在本节课中，我们尊重学生个性，注重发挥其主体作用，让他们寻找展示自我的舞台。

其中，具有一定足球基础的男生可以参加足球比赛，通过比赛展示自我。剩余的男生和全体女生则参与球队建设和辅助训练。女生性格特点突出，想象力丰富，在球队理念、文化建设等方面的讨论和决策中将会发挥关键作用。

二、课程目标与重难点

（一）课程目标

1. 运动能力目标：在对抗比赛中能够灵活运用运球、传球、射门等基本动作技术和组合动作技术，与队友配合默契，并增强对足球运动的兴趣。
2. 健康行为目标：积极参与到足球活动中，能够控制自己的不良情绪，增强大局意识，积极采纳他人意见，能有效沟通与合作。
3. 体育品德目标：能够积极应对足球活动中遇到的困难，在比赛中敢于拼搏、敢于争取，具有责任意识和集体荣誉感，能正确看待比赛的胜负。

（二）重难点

重点：能够理解、采纳和尊重他人意见，增进友谊，并能圆满完成自己的任务。

难点：能够正确处理意见和分歧，以及正确看待比赛的胜负。

三、课程内容设计

本次足球课是体育节的一部分，在三个"阳光体育"时间内完成，每次时间为 1 小时。体育组老师负责赛事组织、宣传和协调；张佳老师负责技术支持和网络分享；赵玮老师负责技术统计和分析。此外，有大约 50 名学生志愿者，他们在几位老师那里领取任务，协助完成整个活动。

足球队伍的组建以八年级班级数为准，通过抽签决定八年级与七年级中组队的班级，未被抽到的班级将成为自由班。通过招募方式选择球员，制作信息表，自行选择每个球队的队长，并组织训练。其中，女生负责球队组建、球队文化、管理、招募等相关工作。在学生合作过程中出现的所有争议，首先由学生自行协调解决，若无法解决，再由体育教师进行指导。

课程内容框架如图 6.2 所示。

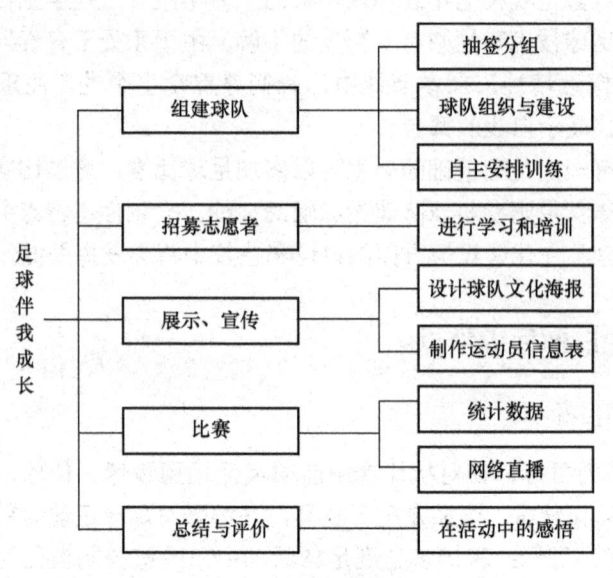

```
                    ┌─ 组建球队 ──┬─ 抽签分组
                    │            ├─ 球队组织与建设
                    │            └─ 自主安排训练
                    │
                    ├─ 招募志愿者 ── 进行学习和培训
足球伴我成长 ───────┤
                    ├─ 展示、宣传 ─┬─ 设计球队文化海报
                    │            └─ 制作运动员信息表
                    │
                    ├─ 比赛 ──────┬─ 统计数据
                    │            └─ 网络直播
                    │
                    └─ 总结与评价 ── 在活动中的感悟
```

图 6.2　课程内容框架

四、教学过程

由于本课程分四个活动进行，所以将教学过程分为四部分进行展示。

活动一：组建球队

教师活动	学生活动
1. 使用微信小程序通过抽签进行分组。 2. 介绍球队组建方法。 　八年级各班级进行抽签，将抽到的数字对应七年级各班级。例如，如果八年级 1 班抽到数字 2，则对应七年级 2 班，这两个班级将组成一个球队。 3. 讲解男女生分工要求。 （1）男生分工要求：从每个球队中选中一名男生，担任队长，队长负责组织和安排日常训练。所有男生共同商议，选定上场队员和替补队员。除了参赛队员，其他同学要主动参与球队建设，例如，	1. 参与抽签活动，协助分组。 2. 明确球队组建方法。 3. 明确男女生分工要求。

（续表）

教师活动	学生活动
担任球探，负责搜集自由队员信息并进行沟通，协助招募队员；担任联络员，与教师沟通，负责球队信息的传达；担任后勤保障员，负责协助参赛队员整理服装，协助女生完成球队运营。另外，参赛队员需填写运动员信息表，包括姓名、性别、身高、在赛场上的角色、踢足球的经历等。 （2）女生分工要求：每个球队中的女生要相互配合，制作球队海报，内容包括球队名称、队徽、理念、队员职责和分工等；负责与球队队长进行沟通；完成球队队员的招募工作；负责与球探沟通，获取自由球员的信息。所有女生都应尽量参与到球队建设中，合理分工，共同经营。	

设计意图：一是打破年级界限，增加学生之间交流合作的机会，培养他们自主解决问题的能力。二是发挥学生的主观能动性，让他们选择自己喜欢和擅长的职务，找到存在感。三是提供展示的舞台，让学生清晰地认识自己，充分发挥自身优势。

活动成果：月底前，相关负责人上交运动员信息表和球队海报。

活动评价
1. 对所有球队的海报进行投票，评选出最佳设计奖。
2. 根据解决问题的能力、方法及默契程度评选出最佳团队奖。
3. 对球队队员招募工作的评价标准：学生在招募过程中相互了解球队文化和运动员技术水平，通过友好的交流和双向选择完成招募，以建立彼此信任、友好沟通的氛围，提升自信心和自我认知水平；在招募中不允许相互诋毁声誉，也不允许通过不正当手段进行"抢人"，要保持公平竞争。

活动二：招募志愿者

教师活动	学生活动
讲解招募要求。 1. 协助体育组老师工作的志愿者：10人，负责场地器材的摆放和宣传、传达比赛信息。 2. 协助张佳老师进行赛事分享的志愿者：每班3人，学习理论知识，进行赛事分享。 3. 协助赵玮老师进行数据统计和分析的志愿者：20人，记录运动员上场时间、传球次数、射门次数、射正次数、进球时间、进球运动员、犯规次数、整场控球时间等数据。	踊跃报名，参与志愿服务。

(续表)

活动成果：完成招募，并对学生进行培训。
活动评价：学生能够根据自身情况，踊跃报名，参与到志愿服务中，并在活动中履行相应职责，乐于帮助他人，任劳任怨。

活动三：展示、宣传

教师活动	学生活动
下月初，将学生上交的作品进行整理和打印，统一贴在宣传栏内展示，并向全体教师发起投票，评选出最佳设计奖。	志愿者协助教师完成宣传与展示工作，并对教师的投票进行统计，以评选出最佳设计奖。
活动成果：评选出最佳设计奖。	
活动评价：对作品的整体布局、画面设计、文化理念等内容进行评价。	

活动四：比赛

教师活动	学生活动
按照活动要求组织学生完成各部分工作，包括比赛、数据统计、网络直播等。	各司其职，保证比赛的顺利进行。
活动成果 1．完成数据统计表格的撰写。 2．在校园和班级群内进行比赛的同步网络转播。	
活动评价 1．志愿者在工作过程中相互学习，进行彼此交流，确保比赛数据记录准确，网络直播画面清晰、信号稳定。 2．运动员在场上敢于拼搏，队友间相互鼓励，彼此信任，不埋怨，对待比赛的胜负不骄不躁；对手间相互尊重，互相鼓励。	

五、对尊重教育的体现及反思

（一）对尊重教育的体现

1．通过让学生自主选择职务角色，更好地发挥了他们的主观能动性，学生之间协同合作、相互尊重和友善沟通，达到了活动的预期目的。通过本课程，不仅加深了学生对体育精神的理解，更使他们坚定了勇于拼搏，不怕困难的决心，充分展现了个体的自我价值及存在的意义。

2．教师从活动准备、实施、学生表现、比赛结果等多个方面对学生进行全面评价，突出了跨学科主题的设计理念。这有助于促进学生在技能、体能、心理等多方面达成学习目标，并培养学生的核心素养。

3. 教师将活动中体现的相互理解、友善沟通、合作交流等亮点作为重点案例,旨在培养学生自信、自强、自主的品格,引导学生正确认识个人、他人与社会之间相互依存的关系。通过鼓励学生尊重他人、关心他人,平等交往、友好合作,帮助他们获得与他人和谐相处所需要的知识和技能。引导学生初步建立公平、正义、平等的观念和规则意识,促进学生良好品德的形成。

(二)反思与改进

1. 现有的评价方式较为单一,主要以教师设定的内容为主。可以尝试让学生成为组织者,给予其充足的时间和空间,让他们在这个过程中探究新的课堂评价方式,提高其自主表达能力。

2. 学生作品设计和信息收集的方法相对较单调,学生的组织调动能力也有待提升。可以通过引入多媒体和信息技术等方式,创设更多新颖的学习情境,激发学生的参与动机,提高其学习效率。

3. 尊重他人、团结合作、坚持不懈等品质本身就是体育与健康核心素养的重要内容,这些品质的形成不是通过一两节课或一两次活动就能一蹴而就的,而是需要经过长期的培养与教育。在今后的体育与健康教学中,作为教师,我们应采取思想教育和实践体验相结合的方式持续不断地加强学生的体育品德教育,这样不仅有助于提高学生的身体素质和运动技能水平,而且有利于学生良好体育道德与品格的形成,并为其全面和终身发展打下坚实的基础。

(本案例由李蒋、茹玥涵老师提供)

第四节 心理健康教育尊重进阶课程

——《在合作中成长》

根据尊重进阶课程中"尊重他人"这一维度,结合"理解他人、携手他人和关爱他人"三个层次,基于七年级学生的特点和心理健康教育的内容,我们选择了"在合作中成长"这一主题。通过这一主题教育课程的实施,旨在加强学生之间的有效沟通,帮助学生找到一定的合作技巧,增强学生的合作意识和集体凝聚力。

一、课程背景分析

(一)理论背景

本节课的授课对象是七年级学生,依据《中小学心理健康教育指导纲要(2012年修订)》,归纳出初中阶段团体心理辅导的目标是让成员通过沟通交流,学习社交技巧和发展人际关系,学会信任他人;培养成员的责任感,使其能关心并敏锐地觉察他人的感受和需求,更善于理解他人;培养成员的归属感与被接纳感,从而使其更具安全感,更有信心面对生活的挑战。

(二)内容分析

每个学生在班级中都有对安全感和归属感的需要。通过开展以"在合作中成长"为主题的团体心理辅导活动,引导学生进行有效的沟通,与同伴团结友爱、互帮互助,使学生感受到来自集体的关怀,体会到被接纳、被理解、被信任和被尊重的感觉,从而营造班级大家庭的温暖氛围,培养良好的同伴合作关系,以增强班集体的凝聚力。

(三)学情分析

七年级学生刚升入初中,面对新环境、新班级、新老师和新同学,往往会不适应,表现出集体意识弱、以自我为中心、不能换位思考和不能有效沟通等问题,并导致同伴间常常相互抱怨、指责。为解决以上问题,应增强学生的集体意识。本节课通过叠杯塔及穿越"地雷阵"的活动,让学生体会到合作的力量,认识到每个人都是集体的一分子,自己的一举一动都会影响整个集体的形象,同时意识到每个人不仅要对自己的行为负责,也要对所在集体负责。

二、课程目标与重难点

(一)课程目标

认知目标:了解集体凝聚力的重要性,增强合作意识,认识到集体的团结需要每位同学的努力,培养与他人团结协作的意识。

情感目标:通过充分参与和互动,感受集体的温暖和合作的力量,培养积极的情感态度。

行为目标:在集体生活中树立以集体为中心的意识,当遇到问题时能够与同学有效沟通、团结协作,用耐心和细心解决困难。

(二)重难点

重点:真切感受到合作的力量,了解集体凝聚力的重要性。
难点:培养与同学团结协作的能力,以及在解决困难时的耐心和细心。

三、课程内容设计

1. 时间:40分钟

2. 场所：操场

3. 人数：30 人

4. 道具：速叠杯若干，桌子 4 张，小黑板 1 块，绳子 8 根，秒表 2 个，桌签 4 个，障碍物若干。

四、教学过程

环节一：活动引入	
教师活动	学生活动
详细介绍本节课的主题、内容和目标，强调合作意识的重要性，让学生认识到集体的团结需要每个同学的努力，培养学生与人有效沟通和团结协作的能力。同时使学生在充分参与和互动中感受到集体的温暖和合作的力量。安排活动分工：两名计时员、两名固定观察员和 1 名小助理；根据班级人数将学生分成 4 个队，每队 6 人，其中 1 人担任队长，每队以队长为主，依次站在摆有自己队名的桌子后面。	了解本节课内容及所要达成的目标。
设计意图：明确本节课的主题，并简要介绍即将进行的活动及预期达成的目标。	
环节二：合作探究	
教师活动	学生活动
公布叠杯塔比赛规则：在比赛开始前，每组有两分钟的时间用于方法讨论和动作练习。活动中，按照规则将速叠杯口对口、底对底地叠起来，形成杯塔。手离开杯子后，杯塔不倒。如果杯塔倒下，则需要从头开始叠，最终用时最短的队伍获胜。 问题讨论和分享： （1）你认为如何能将杯子快速地叠起来？ （2）先完成任务的队员是否会前去帮助合作队队员？ （3）当队员出现失误或落后时，你是怎么想的？ 教师：哪个小队愿意分享成功的经验和失败的教训？请大家带着这些经验和教训进入下一个环节。	每个队派 1 名队员参加比赛，并抽签选出自己的合作队，例如 A 队的合作队为 B 队，C 队的合作队为 D 队，两个合作队共派两名队员，一起作战，每个合作队的完成时间以第二个人完成的时间为准，获胜的合作队，每队各加 2 分，未参赛的队员作为观察员进行监督。 比赛后，针对教师提出的问题进行讨论并分享。
设计意图：通过对比个人活动与集体活动，让学生领悟到"独行快，众行远"的道理。	

(续表)

环节三：身临其境	
教师活动	学生活动
1．公布穿越"地雷"阵比赛规则。 （1）先抽签，每两组会拿到一个相同的数字。在平坦、空旷的场地上，每队安排两名队员为抽到相同数字的队布置"地雷"，例如 A 队给 B 队布置，B 队给 A 队布置。布置完成后，这两名队员还需参与比赛，分别担任穿越者和指挥者的角色。最终每队有 3 名队员负责穿越，3 名队员负责指挥。每名队员在未轮到自己上场时，需要担任本队的安全员。 （2）比赛前，教师给每个队分配一个眼罩，担任穿越者的队员需要在比赛中蒙上眼睛。在比赛前，每组有 3 分钟的时间进行方法讨论和动作练习。 （3）比赛开始前，穿越者需站在"安全区"等待。比赛开始后，指挥者将穿越者带到起点。并在地面上平行摆放两根绳子，绳子相距 3 米，代表"地雷阵"的边界。在两根绳子之间随机铺上障碍物，代表"地雷"，起点和终点之间的距离约为 10 米。 （4）指挥者只能用一个字来引导穿越者完成穿越"地雷阵"的任务，如果穿越者走出"地雷阵"边界、触碰到"地雷"或其他人，则增加用时 3 秒。队内前一个穿越者通过"雷区"到达终点后，第二个穿越者才能出发。当第三个穿越者到达终点时，计时结束，用时最短的队得 4 分，用时最长的队得 1 分。比赛分两组同时进行。 2．问题讨论和分享。 （1）你们认为这个比赛有难度吗？ （2）想要顺利通过"地雷阵"，需要注意哪些方面？ （3）在穿越"地雷阵"的过程中，是否有更有效的方法？ （4）当队员之间出现分歧时，你是如何思考的？又是如何解决的？这对你的学习和生活有什么启发？	积极参与比赛，赛后针对问题进行讨论并分享。
设计意图：强化学生的团队合作意识，培养学生用耐心和细心解决困难的能力；让学生通过团队活动感受团队协作的快乐与力量。	

(续表)

环节四：活动小结	
教师活动	学生活动
通过这节课，你学到了什么？ 在同学们的相互配合和团结协作下，我们最终顺利完成了两项比赛。无论是最初参与比赛时的相互抱怨，还是最终完成比赛时的喜悦，通过刚才的讨论与分享，我发现大家都有所收获。希望同学们在日常学习和生活中能团结协作，多一分包容，少一分抱怨；多一分耐心，少一分浮躁，以增强我们班集体的凝聚力。这也就达到了我们这次团体心理辅导的目的。	分享本节课的收获。
设计意图：通过总结和分享，让学生感受集体的温暖和合作的力量，增强集体凝聚力。	

五、对尊重教育的体现及反思

（一）对尊重教育的体现

本节课很好地贯彻了《在合作中成长》的主题，通过游戏式团体心理辅导活动，使学生深刻体会到"携手他人和团结合作"的重要性。在比赛中，所有学生都能做到积极参与，并付诸实际行动。

（二）反思与改进

在本节课中，学生表现出积极的参与态度，但现场秩序有时显得不太理想，特别是在一队穿越"地雷阵"时，其他队的成员会在旁边议论，声音较大。为此，建议在课前进行约定，设定一个信号，例如数 1、2、3 后，全体安静。此外，宣讲比赛规则时，学生应认真倾听，体现对自己及对他人的尊重。可以考虑设置监督员，对违反规则的小组扣除相应的分数。另外，充分利用观察员和小助手的角色，让他们负责维持现场秩序。通过这些改进措施，可以更好地达到预期的团体心理辅导的效果。

（本案例由王柳洁、赵玮和杨丽君老师提供）

第五节　初中数学尊重进阶课程

——《制作班级文化衫》

尊重进阶课程包括尊重自我、尊重他人、尊重社会和尊重自然四个维度。为了实现"尊重自我"维度中的认识自我、悦纳自我和超越自我，以及"尊重他人"维度中的理解他人、携手他人和关爱他人的进阶目标，我们结合项目化学习设计了主题为"制作班级文化衫"的尊重进阶课程。该课程是八年级数学上册的基于生活实践的拓展性课程，不仅有助于培养学生的数学模型建构能力、思维能力、空间观念和创新意识，而且能够引导学生经历从实际问题到抽象数学问题的转变。

一、课程背景分析

（一）理论背景

根据《义务教育数学课程标准（2022年版）》中关于数学图形的轴对称、旋转、平移的相关要求，可对这部分内容的学习目标做如下总结：

（1）能画出简单平面图形（点、线段、直线、三角形等）关于给定对称轴的对称图形。

（2）认识并欣赏自然界和现实生活中的轴对称、中心对称、平移图形。

（3）通过具体实例认识平面图形基于旋转中心的旋转情况，运用图形的轴对称、旋转、平移进行图案设计。

根据《义务教育艺术课程标准（2022年版）》的要求，可知美术课程应注重学习内容与学生生活经验的紧密联系，发挥知识和技能在帮助学生提高精神和生活品质方面的作用，让学生在实际生活中感悟美术的独特价值。为此，我们把"学习民族传统纹样，用连续纹样进行设计练习"作为初中学段"设计·应用"学习领域的内容，把"知道连续纹样的设计方法和应用"作为评价要点。

（二）内容分析

本节课开设于八年级上学期，当时该班级学生刚刚参加完运动会，而且由于着装问题未能在开幕式上获奖。面对这一情况，学生一致决定以"制作班级文化衫"为主题开展活动，希望能够在学校下一届运动会的开幕式中赢得精神文明奖。对于一个班级而言，团队精神和凝聚力至关重要，在制作班级文化衫的过程中，学生的班级荣誉感将得到充分激发。这不仅是培养学生尊重自我、携手他人的意识的机会，也是让学生在活动中成就自我的过程。

因此，本课程的主题被确定为"制作班级文化衫"，这一主题真正源自学生的实际生活情境。整个课程分为4个课时，包括导引课、探究课（2个课时）和展示课。导引课主要是拆解任务，制定实施方案；探究课则专注于学习本项目所需的核心内容；而展示课则是由学生展示制作成果，并进行综合评价。这样的设计旨在让学生运用数学的思维方法和语言来分析和解决问题，将学到的知识应用于真实情境。

课程安排如表6.1所示。

表 6.1　课程安排

课　型	教　学　重　点	作 品 内 容	要达成的尊重教育阶段
导引课	拆分任务，明确任务所需知识点	班级文化衫制作方案	正视困难
探究课 1	探究镶嵌条件，利用电脑绘图	素材	解决困难 1
探究课 2	初识数学变换，绘制纹样艺术配色	设计图	解决困难 2
展示课	赋予班级内涵，宣讲设计理念	班级文化衫	化解困难

（三）学情分析

此前，学生已学过三角形的内角和、多边形的内角和及多边形外角和等知识，具备了进一步深入探究镶嵌条件的能力。在课程学习中，通过动手操作、小组合作及与信息技术结合（网络画板）等多种形式，学生将从形和数的角度探究平面镶嵌的条件。研究思路从一种正多边形和两种正多边形的镶嵌，到不规则多边形的镶嵌，体现了数学中从特殊到一般的思想。

在这个过程中，学生将经历从实际问题抽象出数学问题、建立数学模型、综合应用已有知识解决问题的过程。这不仅会加深学生对相关知识的理解，提高他们的思维能力，还让他们学到了分析问题的新方法，这对学生今后的学习具有重要的意义。

二、课程目标与重难点

（一）课程目标

1．通过对总任务的拆解、分类、梳理和排序，学习相关知识，写出制作班级文化衫的任务书，提高抽象问题、解决问题的能力。

2．了解平面镶嵌的含义，把握正多边形镶嵌的原理，并能应用此原理进行简单的镶嵌设计，培养学生的应用意识和创新意识。

3．运用正多边形的镶嵌原理进行探索，提高推理、探索问题的能力。

4．结合实例理解轴对称的概念，能画出简单的轴对称图形，并通过平移、旋转进行图案设计。

5．在作图过程中，感受镶嵌的美感；运用美术知识进行图案设计，体会数学来源于生活，并应用于生活的理念。

6．通过小组合作制作班级文化衫并展示，发展用数学思维解决实际问题的能力，提高数学表达水平。

（二）重难点

1. 重点：在拆解任务、镶嵌制图、变换设计、纹样填色、制作成衣的过程中，学会面对困难、挑战困难，最终战胜困难，实现认识自我、悦纳自我，不断超越自我。

2. 难点：在面对困难时，勇于运用已有知识解决问题，通过小组合作制作班级文化衫并展示，发展用数学思维解决实际问题的能力，提高数学表达水平。

三、课程内容设计

课程内容框架如图 6.3 所示。

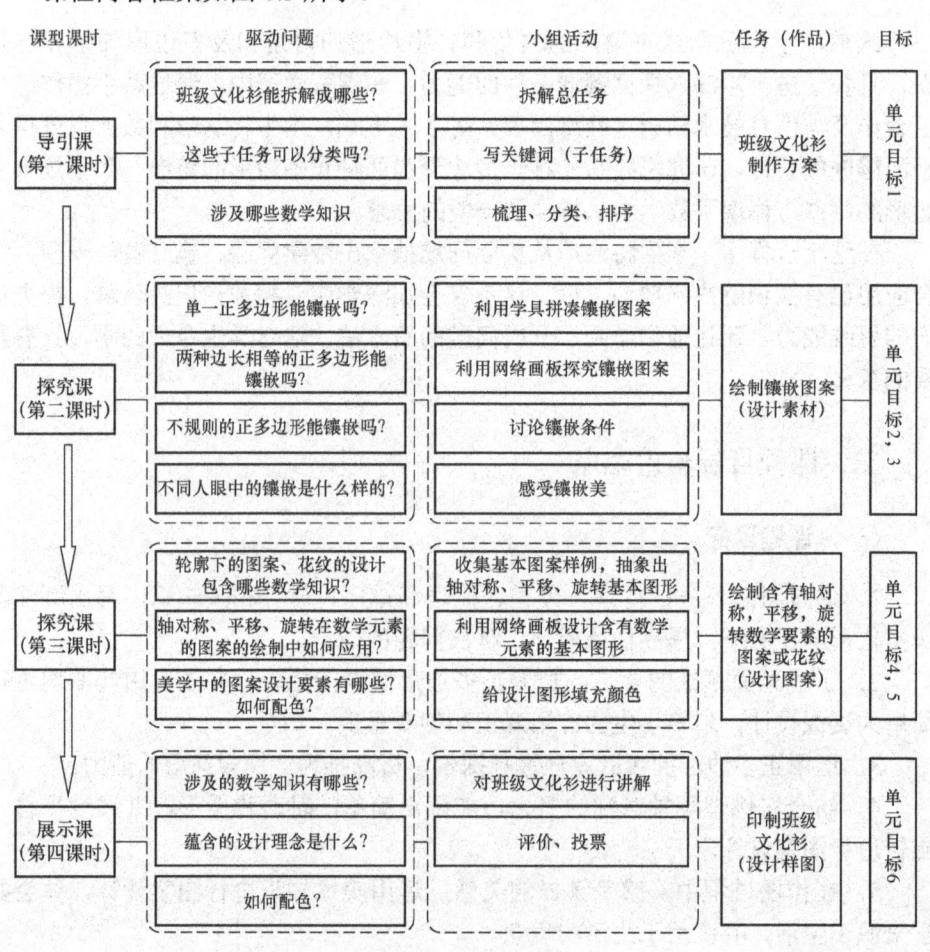

课型课时	驱动问题	小组活动	任务（作品）	目标
导引课（第一课时）	班级文化衫能拆解成哪些？／这些子任务可以分类吗？／涉及哪些数学知识	拆解总任务／写关键词（子任务）／梳理、分类、排序	班级文化衫制作方案	单元目标1
探究课（第二课时）	单一正多边形能镶嵌吗？／两种边长相等的正多边形能镶嵌吗？／不规则的正多边形能镶嵌吗？／不同人眼中的镶嵌是什么样的？	利用学具拼凑镶嵌图案／利用网络画板探究镶嵌图案／讨论镶嵌条件／感受镶嵌美	绘制镶嵌图案（设计素材）	单元目标2,3
探究课（第三课时）	轮廓下的图案、花纹的设计包含哪些数学知识？／轴对称、平移、旋转在数学元素的图案的绘制中如何应用？／美学中的图案设计要素有哪些？如何配色？	收集基本图案样例，抽象出轴对称、平移、旋转基本图形／利用网络画板设计含有数学元素的基本图形／给设计图形填充颜色	绘制含有轴对称，平移，旋转数学要素的图案或花纹（设计图案）	单元目标4,5
展示课（第四课时）	涉及的数学知识有哪些？／蕴含的设计理念是什么？／如何配色？	对班级文化衫进行讲解／评价、投票	印制班级文化衫（设计样图）	单元目标6

图 6.3　课程内容框架

四、教学过程（以说课形式展示）

新学期伊始，各学科教师都充满激情，特别是我校体育组的教师们，早早地就策划好了秋季运动会。各班级的学生也都积极参与，为开幕式设计了各种各样方案。汪老师所带的班级由于服装不够"美"而错失了精神文明奖，学生纷纷表示一定要精选演出服，争取在下一届运动会上斩获荣誉。此时正值丰台区项目式学习如火如荼地进行，汪老师突发奇想："学生的愿望是否能与项目式学习结合一下呢？"入场式表演一定要体现出班级的特色，于是"制作一件班级文化衫"的主题在汪老师心中萌发了，这一主题正好与当前学习的镶嵌、数学变换（轴对称、中心对称）等内容紧密联系。学生纷纷表示愿意共同制作文化衫，并提议可以进行展示和评选，于是师生开启了一段"追寻美"的旅程。

（一）活动一：拆解任务

学生借助网络和书籍了解了文化衫的起源和意义，结合我校的"尊重教育"办学理念，学习纹样设计和颜色搭配技巧，联系学校的发展历程和自己8年的在校生活经历，产生了许多设计创意。周末，各个项目小组的同学在线上进行深入交流，描绘自己心中的文化衫的样子。根据丰台区相关项目学习的研究成果和学生的研究进程，汪老师决定将本课程划分为4个课时，分别是导引课、探究课（2个课时）、展示课。

在导引课前，汪老师内心非常忐忑，因为课程涉及的知识点很多，不知道如何拆解这个任务，无法厘清数学课的主线，不明白如何将富有美感的图案与数学、美术、计算机进行融合。后来，通过与数学教研员刘青岩、柳晓青老师的沟通，汪老师发现任务的拆解实际上可以由学生完成，因为任何项目的解决方案都源自学生的智慧。学生将任务分解为购买、设计、印制、装饰等步骤，汪老师提出了一个问题："关于制作含有数学元素的文化衫，你们能想到哪些关键词？"学生通过小组合作共同列出了大约30个关键词，比如"美观""图形设计""图案对称""色彩丰富"等。汪老师随后询问学生："这么多关键词，你们能将它们合并或分类吗？"学生陷入沉思，不久后有学生站起来对汪老师说："我认为有些关键词虽然不一样，但它们其实都属于同一类，比如'运用什么颜色'和'配色'其实是一个意思。"其他同学纷纷表示赞同，于是大家开始重新归纳关键词，删去或省略重复的关键词。最终，学生发现黑板上只剩下"设计"和"制作"两个关键词。

（二）活动二：梳理研究思路

通过一起归纳关键词，师生将"制作班级文化衫"这一总任务分为三个主要的子任务，包括前期筹备、设计图案和制作成品。其中设计图案是核心任务，在设计图案时,需要考虑图案的整体形状和具体的填充内容。学生在设计图案时将运用镶嵌、轴对称、平移、旋转变换等相关知识,还涉及信息技术和美术中的跨学科知识。数学中的镶嵌知识将用于设计图形的形状,学生需要研究镶嵌的概念和条件,以及利用"网络画板"设计镶嵌图形。这部分内容将放在第一课时。

形状相同的图形经过轴对称、平移、旋转变换能形成优美的图案,可用于设计图形的装饰和花纹,属于填充内容。轴对称和平移是学生已学过的知识,因此将利用旋转设计图形和花纹的内容放在第二和第三课时。设计图案完成后,需要学习美术配色的相关内容,最终的成果可在第四课时(展示课)上进行讲解,评选出学生心目中最符合班级特色的文化衫。制作班级文化衫项目任务分解及课时安排如图 6.4 所示。

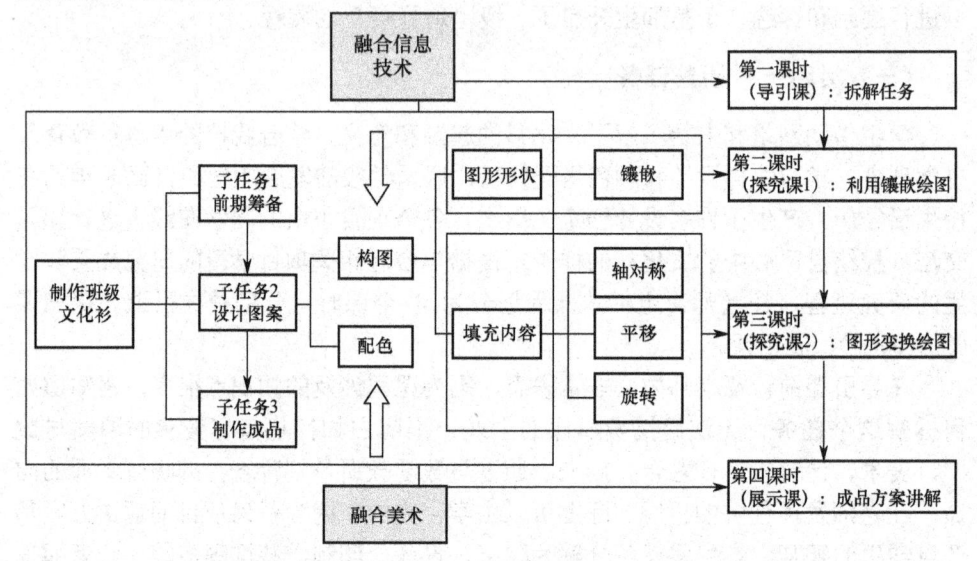

图 6.4 制作班级文化衫项目任务分解及课时安排

(三)活动三:镶嵌和绘图

学生在导引课后都完成了制作班级文化衫的任务书,每组同学都将拆解的任务进行了详细的分工。有学生提出:"我们应该先进行图案形状的设计。"而设计图案需要用到数学中几何图形的镶嵌知识,因此我们将探究课定为探究镶嵌图形,并利用"网络画板"进行绘图。学生非常有干劲儿,听说要用电脑绘图,都把家里的笔记本电脑带到学校来了。课前让学生联网试用了"网络画板"的诸多功能,比如绘制简单的正多边形或多边形等,小组内的学生互帮互助,很快就对"网络画板"运用自如。

在探究课上,汪老师给学生提前准备了很多小卡片,上面是各种颜色的边长一样的正多边形。汪老师问:"多个一样的正多边形能镶嵌在一起吗?"学生纷纷表示可以，便用手中的小卡片拼凑起来，镶嵌成功的都被贴在了黑板上。有学生上台讲解道："我们发现正三角形、正四边形、正六边形可以镶嵌，正五边形不能镶嵌，因为无法全部覆盖。"汪老师说："无法镶嵌的正多边形的内角数量关系有什么特征吗？"学生陷入了沉默，不一会儿，有学生缓缓举起手来，答道："所有内角之和是 360°！"汪老师本以为学生会很难得出这个答案，顿时觉得学生越来越有数学思维的广度，和之前相比，进步明显。接着学生从特殊情况推理到一般情况，从单一图形的镶嵌推理到两个正多边形的镶嵌。汪老师提问："两种不同的正多边形能镶嵌在一起吗？"然后让学生借助"网络画板"进行绘图探究并填写好学案。

很快，小组活动开始了，同学们你一言我一语地讨论了起来。同学们分工恰当，一名学生负责计算常见正多边形（边数为 3、4、5、6、7、8）每个内角的度数，另一名学生负责将每个内角的度数进行凑整计算。例如，正三角形的每个内角是 60°，正六边形的每个内角是 120°。通过计算，他们发现两个正三角形和两个正六边形可以镶嵌。类似的结论有很多，如图 6.5 所示。

组合1
1个正三角形和
2个正十二边形

组合2
2个正三角形和
2个正六边形

组合3
3个正三角形和
2个正方形

组合4
4个正三角形和
1个正六边形

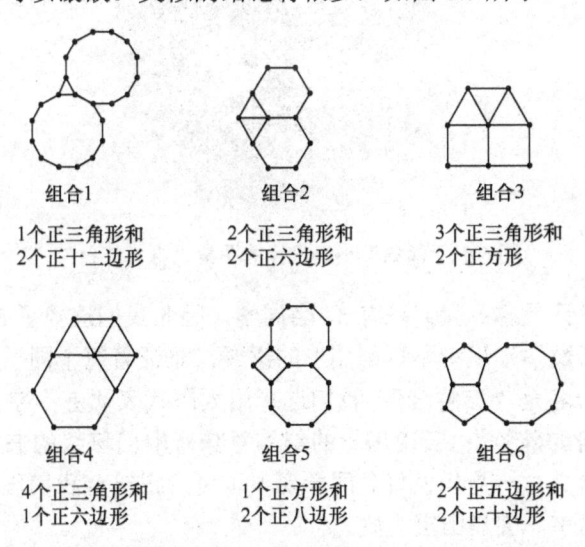

组合5
1个正方形和
2个正八边形

组合6
2个正五边形和
2个正十边形

图 6.5 学生通过多次探究，运用"网络画板"绘制出丰富的镶嵌图案

（四）活动四：装饰绘图

制作班级文化衫，除了要用到数学图形变换的相关知识，还需要美术学科的知识，于是我们将配色和纹样放在了探究课的第二课时——《源于自然的美丽纹样和配色》，张嘉萱老师从简单基本图形的变换与重组出发，带领学生根据不同骨式的排列，形成美丽的纹样。在设计与应用纹样的过程中，学生提高了实践能力和美化生活的技能，感受到了美术知识和技能在提高精神和生活品质方面的作用，对设计的价值和意义有了更深的认识。将纹样设计知识与数学课中镶嵌等知

识共同运用，教师带领学生制作班级文化衫。学生在课堂上的表现尤为精彩：有学生开始用颜料手绘作品，从第一课时开始描绘图案轮廓，到将班级文化"赤竹轩"渲染在衣物上，颜色鲜明。还有的学生直接用计算机进行构图，加上一些对班级文化的想法对纹样进行平面设计，做出了融合计算机技术的美丽纹样。小组内讨论热烈，欢声笑语……

（五）活动五：展示设计

每个小组都展示了独具特色的作品。"熊猫"小组设计的图案"冉冉红日"如图 6.6 所示。

图 6.6 "熊猫"小组设计的图案"冉冉红日"

组长宣讲设计灵感：我们班有 32 名同学，因此我们选择了 32 边形作为背景板，其中运用了数学知识中不规则图形的镶嵌，象征着每个同学自由、有个性地发展；我们的班名是"赤竹轩"，我们选择用太阳代表"赤"字，并用多个竹子象征咱们班"势如破竹"；云南房子的结构意味着咱们班级的书香气息；竹子上的熊猫有两层含义，一是代表每名同学都很可爱，很符合我们班的形象；二是代表我们小组的名字，突显国宝气质。

其余各组也根据自身的创意进行宣讲，最后全班学生基于班级文化衫的评价表进行综合评价。学生集体投票，选出最终的班级文化衫图案后，再用丙烯作画，或者进行数码彩印，印在文化衫上。

五、对尊重教育的体现与反思

（一）对尊重教育的体现

1. 在多学科融合中，实现学生的个性化发展

苏霍姆林斯基曾说："让每个学生都抬起头来走路。"这强调了教育必须尊重学生的主体地位，尊重他们的个性。教师应根据学生现有的知识结构和能力设计切实有效的实验活动，为学生提供充分的动手实践的机会。项目式学习正好能够实现这一目标，通过与美术知识的结合，引导学生发现生活中的美、同学的美，以及班级文化的美，培养他们发现未知美的能力，同时促进学生发展多学科核心素养。

2. 激发学生的挑战欲，在合作中培养学生的可贵品质

在整个学习过程中，学生表现出了高度的自主性，不论是任务的拆解还是问题的解决，他们都以小组为单位进行深入的探究。在协作设计和绘制的过程中，学生们思考深入，相互帮助，共同面对挑战，这对于个体的成长是一个重要的契机。在本课程的学习过程中，学生通过参与一系列活动，在不断挑战自我的过程中发现了自我，挑战了自我，并重新认识了自我。在学生与同伴互助合作的过程中，尊重的内涵贯穿始终。

3. 开发学生的潜能，增强其信心

本课程的成果是图案被成功印在衣服上，衣服在阳光下闪烁着光芒，焕发着生机，班级文化衫在这一刻正式诞生。欣赏着同学们的杰出作品，不禁为他们的创意而惊叹，他们展现出的才华，让我们感到无比自豪！在即将到来的与老师、同学、母校告别的毕业季，他们不仅体验到了动手实践、合作分享的快乐，也感受到了银杏树下师生之间形成的可贵情谊，更树立了开启新征程的坚定信心。

（二）反思与改进

本课程取得了显著的效果，学生对其评价非常高，课后纷纷向汪老师表达希望能够继续开展类似的活动。然而，在反思该课程项目式教学的整个过程时，我们发现仍有以下两方面需要改进。

1. 人文渗透较为有限

本课程是数学和美术学科融合的跨学科课程，主要侧重于利用学科知识制作班级文化衫的样图。实际教学中，人文渗透相对较少，需要深入思考如何更好地将学科知识与育人价值相结合。

2. 尊重教育与学科教学的融合不足

本课程试图将尊重主题的教育实施与项目式学习相结合，力求实现深度融合。然而，在整个过程中，对尊重自我、悦纳自我、超越自我及团结合作等教育主题的挖掘仍不够充分。学生在项目式学习过程中的参与度也存在不平衡的情况，部分学生未能全身心参与。在今后的课程实施中，需要加强对这些方面的改进。

（本案例由汪继清、张嘉萱老师提供）

第七章

"尊重社会"维度的尊重进阶课程案例

尊重是漫长的历史发展过程中形成的伦理理念和道德共识,是传统美德的基本内容。如果没有尊重,就不可能实现真正的和谐与平等。根据尊重进阶课程的四个维度,在"尊重社会"维度中,我们设计了认识社会、感受社会和奉献社会三个层次。尊重进阶课程实施过程中,在充分研究学情的基础上,我们组织班主任、任课教师和家长等全员参与研讨、开发课程,并通过"尊重社会"主题班队会、综合社会实践活动、劳动教育、学科教学深度融合等途径,将"尊重社会"的教育落到实处,增强了学生尊重社会规则和奉献社会的意识,并逐渐转化为学生的自觉行动。

第一节 幼小衔接尊重进阶课程

——《我们的校园》

社会是人际交往的场所,我们要遵守共同的道德规范和法律法规。尊重社会就是要尊重社会的共同规范,在维护自己权利的同时,要勇于承担自己应负的社会责任。我校尊重进阶课程中的"尊重社会"维度包括认识社会(1~3年级)、感受社会(4~6年级)和奉献社会(7~9年级)三个层次。这三个层次的教育内容覆盖每个年级段,但要求逐步提高,螺旋上升。小学道德与法治教师依据尊重进阶课程中的"尊重社会"维度,结合小学一年级新生的年龄特点,以"我们的校园"为主题,设计了幼小衔接尊重进阶课程。

一、课程背景分析

学校是个小社会,社会是个大学校。校园是学生的主要活动场所,学校生活是学生生活的重要组成部分。经过幼儿园时期的校园生活,学生对学校有了一定的情感认同,对教师有天然的尊敬和爱戴,能认识到自己在学校中的成长,对于校园生活和班级建设也有了自己的看法。因此,让学生学会观察、思考学校存在的问题,通过合适的方式提出意见和建议并参与解决,这是培养学生责任感和民主意识的良好契机。本课从人与物的角度引导学生认识学校和老师,注重尊重与感激。低年级学生从适应学校生活入手,初步了解校园空间布局,知道在学校活动的注意事项。引导学生进一步了解学校的空间环境和组织结构,增进在学校的归属感,了解教师工作的辛苦,体会教师对学生的爱,体会学校对自身成长的重要性,认识到自己是学校的一员,增强积极参与学校公共活动的意识。

二、课程目标与重难点

(一)课程目标

1. 熟悉校园环境,认识校园中与自己相关的场所,能利用这些场所解决学习和生活中的问题。
2. 通过观察校园、认识校园并建言献策,提高通过多种途径获得信息的能力及表达能力。
3. 了解学校的规则和纪律要求,并能够自觉遵守。
4. 知道自己成长为一名小学生了,主动体会自身的角色变化,初步适应并喜欢学校生活,热爱学校,增强主人翁意识。

(二)重难点

1. 重点:熟悉校园环境,认识校园中与自己相关的场所,能利用这些场所解决学习和生活中的问题。了解学校的规则和纪律要求,并能够自觉遵守。
2. 难点:主动体会自身的角色变化,初步适应并喜欢学校生活,热爱学校,增强主人翁意识。

三、课程内容设计

一年级上册《道德与法治》教材中第二单元包括"我们的校园""校园里的号令""课间十分钟""上课了"四课。这四课是并列关系,第一课"我们的校园"引导学生了解校园环境,知道校园里与自己密切相关的场所,了解找到不同场所的办法,懂得在不同场所需要遵守不同规则,培养学生亲近校园、热爱校园的情感,为一年级新生安全、愉快地开启新生活做好准备。课程内容框架如图7.1所示。

尊重进阶课程的设计与实施

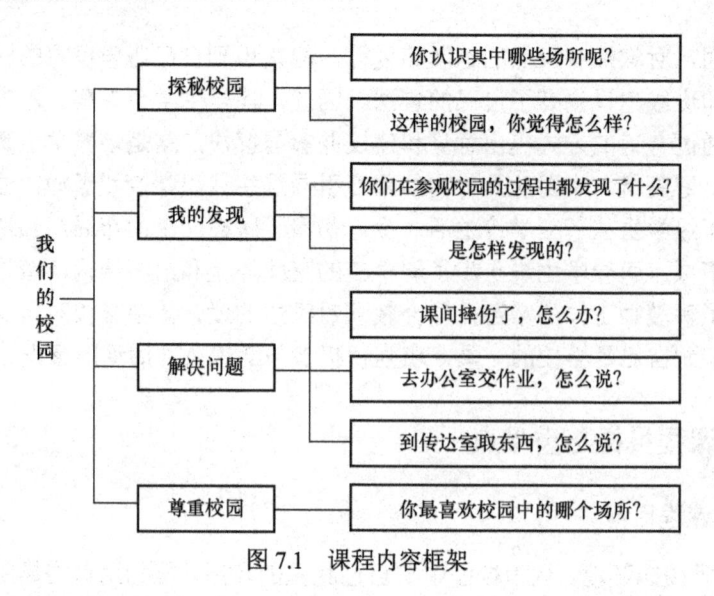

```
          ┌─ 探秘校园 ─┬─ 你认识其中哪些场所呢？
          │           └─ 这样的校园，你觉得怎么样？
          │
          ├─ 我的发现 ─┬─ 你们在参观校园的过程中都发现了什么？
我们的校园 │           └─ 是怎样发现的？
          │
          ├─ 解决问题 ─┬─ 课间摔伤了，怎么办？
          │           ├─ 去办公室交作业，怎么说？
          │           └─ 到传达室取东西，怎么说？
          │
          └─ 尊重校园 ─── 你最喜欢校园中的哪个场所？
```

图 7.1　课程内容框架

四、教学过程

环节一：探秘校园	
教师活动	学生活动
1. 向学生介绍探秘员"小探"。 教师：今天我们的课堂上来了一位小朋友，他很想跟大家做朋友，他是谁呢？瞧，他来了！ 2. 播放视频。 教师：请大家跟小探去校园里走走吧。仔细看视频，你认识其中哪些场所呢？ 3. 教师：这样的校园，你觉得怎么样？ 4. 板贴：我们的校园	1. 认识探秘员小探。 2. 仔细看视频，寻找自己认识的场所。 3. 欣赏校园。
设计意图：通过线索人物"小探"展示校园全景和局部图景，引导学生说说自己所知道的校园中的各种场所，并展示与学生联系密切的场所，有意识地把板贴做成一朵花的形状，让学生感受到校园之大、校园之美、校园场所之多。	
环节二：我的发现	
教师活动	学生活动
1. 让小探和学生交流。 小探：小朋友，你们在参观校园的过程中都发现了什么？是怎样发现的？ 教师请各小组的同学先在一起讨论，然后每组推选出一位同学向全班同学汇报，给参观得仔细、讲得好的同学颁发奖章。	1. 与小组同学讨论小探提出的问题，并在全班汇报。

(续表)

教师活动	学生活动
2. 请学生看一看、认一认学校中的不同场所，也可以请去过的学生当"小导游"，给大家讲一讲。 （1）引导学生发现校园中有不同的场所，如上课的场所、下课活动的游戏场所、开会的场所等。 （2）请负责图书馆、阅览室和图书角的教师向学生介绍相关设施应如何使用。 （3）引导学生实地认一认学校的男女卫生间，说说去卫生间应注意的事项。 （4）启发学生观察校园里哪些场所可以随便进入，哪些场所不可以随便进入，哪些地方不可以攀爬。	2. 看一看、认一认学校中的不同场所，当"小导游"，给大家讲一讲各个场所中的相关设施应如何使用，以及去各个场所时应该注意什么。

设计意图：通过看一看、认一认、讲一讲，使学生将校园内的设施和场所与自己的生活建立联系，同时明确在各个场所的安全事项，确保学生在校园内快乐生活、安全生活。

环节三：解决问题

教师活动	学生活动
1. 小探展示情景：课前摔伤了；去办公室交作业；到传达室取东西。并提问：如果是你，你会怎么做，怎么说？ 2. 教师：在学校里遇到了情况或问题，首先要冷静思考，想想应该去哪儿，请谁来帮忙，并注意文明礼貌，等等。 小结：校园中的设施有很多，给我们的生活带来了很多方便，我们要学会利用这些设施解决生活中的问题。	1. 思考并回答问题。 2. 认真听讲。

设计意图：通过情景模拟，让学生明确校内的一些活动如何开展及遇到问题应该怎么办，引导学生了解学校的规则和纪律要求，并自觉遵守，以便更好地适应小学生活，养成良好的习惯。

环节四：尊重校园

教师活动	学生活动
1. 小探：你最喜欢校园中的哪个场所？同桌之间互相说一说。 2. 让学生用画一画、写一写、说一说等自己喜欢的方式表达自己对校园中某些场所的喜爱之情。可以和好朋友互相帮助，共同完成。 3. 展示成果：在多媒体上展示学生的作品，让学生自己解读。 小结：今天对我们的校园和班级又有了新的认识，祝愿大家在我们美丽的校园里茁壮成长！	1. 同桌之间互相说一说最喜欢校园的哪个场所。 2. 用画一画、写一写、说一说等自己喜欢的方式表达自己对校园中某些场所的喜爱之情。可以和好朋友互相帮助，共同完成。 3. 解读自己的作品。

设计意图：通过带领学生回顾校园内的各个场所，激发学生的主人翁意识及其对学校的热爱之情。

五、对尊重教育的体现与反思

（一）对尊重教育的体现

1. 立足核心素养，带学生初步认识校园这个小社会

本节课立足核心素养培养目标，实现了对多学科资源的整合和利用，让学生通过收集、整理学校相关资料，以及小组讨论、交流和互动分享等途径，了解校园，从各个角度认识校园，增强了学生对学校的亲近感，进而让学生对学校产生喜爱之感，从而付诸行动。

2. 践行尊重理念，引导学生逐步形成遵守校规校纪的意识

尊重，是尊敬、重视的意思，古语中指将对方视为比自己地位高的人，重视对方的心态及言行，现在已逐渐引申为平等相待的心态及言行。社会是共同生活的个体通过各种各样的社会关系连接起来的集合。学校即是一个小社会，由此看出，尊重社会，从学生、学校层面来讲是要认识社会，认识我们的校园，自觉遵守校规校纪和国家法律法规，因为这是做人的底线，也是保证正常社会秩序，让大家安居乐业，让学校和谐发展的重要基础。学生从小就要学会遵守社会主义道德规范和要求，讲文明、有礼貌、守纪律，积极践行社会主义核心价值观，这样社会才能健康向上、不断进步，进而助力社会民主、政治等健康发展。

3. 将课堂生活化，让学生将"尊重社会"的理念付诸行动

教学过程中，教师以教材所呈现的一幕幕校园场景为切入点，以问题为导向，以活动为主线，引导学生走入校园生活，获取丰富的情感体验和更多的生活经验——这就是生活化的课堂。教师充分发挥多媒体技术，借助直观、形象、动态的视频，引导学生"身临其境"般地走进美丽的校园，感受校园生活的美好，激发其对学校的热爱之情，从而使其保持乐学善思的学习状态。教学中，教师营造一种民主、平等、和谐的师生关系，鼓励学生用自己的眼睛去发现，用自己的心灵去感受，并适时地引导、启发、点评，引领学生的思想层层递进，情感步步升华，从而突出重点、突破难点，并践行了"尊重社会"这一理念。

（二）反思与改进

回顾本节课，学生熟悉了校园环境，认识了校园中各场所的功能，增进了对学校的喜爱之情。然而，由于一年级学生的认知水平和接受能力有限，语言表达能力相对较弱。这时候，学生的心灵是稚嫩的，需要教师用心呵护，真诚以待。在今后的尊重进阶课程中，教师应进一步创造机会，让学生积极发言、大胆展示、勇于探索，并注意及时给予肯定，这样有利于增强学生的自信心，并引导其进一步认识校园、感受校园、喜欢校园、关心校园，从而潜移默化地对学生进行认识

社会、感受社会和奉献社会的教育。

（本案例由杨博文老师提供）

第二节　初中主题班队会尊重进阶课程

——《国在我心　我强国强》

"一心装满国，一手撑起家，家是最小国，国是千万家，在世界的国，在天地的家，有了强的国，才有富的家"，歌曲《国家》，唱出了我们每个中国人的心声，没有国家的繁荣昌盛，就没有家庭的幸福美满，就没有我们自身的进步与发展。同样，没有我们的努力与进步，就没有国家的强大，我们的前途命运同国家和民族的前途命运紧密相连。我们身边家庭、学校的变化正是祖国变化的一个个缩影，而我们的变化也正是促进家庭、学校变化的催化剂。作为学生要刻苦学习知识，坚定理想信念，磨炼坚强意志，锻炼强健体魄，怀揣民族自豪感，为实现中华民族伟大复兴的中国梦，时刻准备着。

一、课程背景分析

本次班队会是针对尊重进阶课程的尊重社会维度中的奉献社会层次进行设计的，班队会的主题为"国在我心　我强国强"。

（一）理论背景

党的十八大以来，以习近平同志为核心的党中央团结带领亿万人民踔厉奋发、勇毅前行，推动党和国家事业取得历史性成就、发生历史性变革。而2022年10月16日召开的中国共产党第二十次全国代表大会，正是在全党全国各族人民迈上全面建设社会主义现代化国家新征程、向第二个百年奋斗目标进军的关键时刻召开的一次十分重要的大会。为贯彻和落实党的二十大精神，激发青少年学生的爱国热情，引导其自觉将自己的理想融入中华民族伟大复兴的伟大实践就成为立德树人的首要任务。

（二）内容分析

《中小学学生守则》的第一条就是"热爱祖国，热爱人民，热爱中国共产党"，《北京市中小学生日常行为规范（2016年修订）》的第一项要求是"爱党爱国爱人民。了解党史国情，珍视国家荣誉，崇敬英雄模范"。同时，爱国也是社会主义核心价值观的关键词之一。因此，以发现自己身边的变化为切入点，引导学生发现在历次党代会及重要大会后祖国发生的翻天覆地的变化，从而激发学生的爱国之情，坚定"国在我心　我强国强"的信念，是十分必要的。

（三）学情分析

在党的二十大胜利召开的热烈氛围中，我们迎来了中华人民共和国73周年华诞。赵玮老师发现本班数十位热爱骑行的同学利用十一假期，自发从家骑行到天安门广场参加升旗活动。说明这些初二年级的学生有活力，热爱祖国，愿意积极参与到各项活动中。他们是我校招收的第一批学生，在学校见证他们成长的同时，他们也见证了学校的成长变化。但是，他们对党代会的相关知识了解甚少，不能清晰认识到自己周边的变化与祖国发展的紧密联系，从而不能真正理解"我强国强"的实际内涵。因此，有必要设计以"国在我心　我强国强"为主题的班会，进一步加强对学生的教育引导，并培养其爱国情感，进一步厘清"我强"和"国强"的内在联系，从而激发学生为中华民族伟大复兴而努力奋斗的勇气和志气。

二、课程目标与重难点

（一）课程目标

1. 通过结合十一假期骑行的见闻，分享收集到的关于党代会的相关资料与感悟，对党代会有初步的认识与了解。

2. 通过亲身采访、调查与讲述国之变化、校之变化、家之变化，认识到每次党代会后，祖国都会迎来新的巨大变化，从而加深对"国在我心　我强国强"的理解，增强民族自豪感与责任感。

3. 通过思考、书写"我之变化"并分享，增进对"变化"的感知，在改善自身行为习惯的同时，增强使命感，提升责任感。

（二）重难点

1. 重点：通过对各层次变化的感受，体会到国与家的关系，增强民族自豪感。
2. 难点：通过国与家的变化引起对自身变化的思考，并自觉奋进。

三、课程内容设计

（一）课程规划方案

1. 课时分配：1课时
2. 教师准备

（1）集合班委成立班队会筹备小组，研讨班队会具体方案。

（2）通过自愿结组的方式，将学生分为骑行组、国之变化组、校之变化组和家之变化组，并布置相应的资料收集和采访任务。

（3）学习党代会的相关知识，了解历次党代会和部分重要大会后国家、人民生活发生的变化。

（4）准备"我之变化"展板及便利贴。

3．学生准备

（1）浅识变化环节

骑行组完成以下准备：

① 分享骑行视频及见闻。

② 分享收集到的党代会的相关资料与感想。

（2）共话变化环节

分组收集"变化"的素材并分享。

① 国之变化组：收集数次党代会或重要大会后国家发生的巨大变化的相关资料。

② 校之变化组：通过采访校长、老师、同学等，收集建校以来学校发生的巨大变化的相关资料。

③ 家之变化组：通过采访家长、邻居等，收集近年来家庭生活发生的变化的相关资料。

4．朗诵环节

全班同学练习配乐诗歌朗诵《我爱你，中国》。

（二）课程内容框架

课程内容框架如图 7.2 所示。

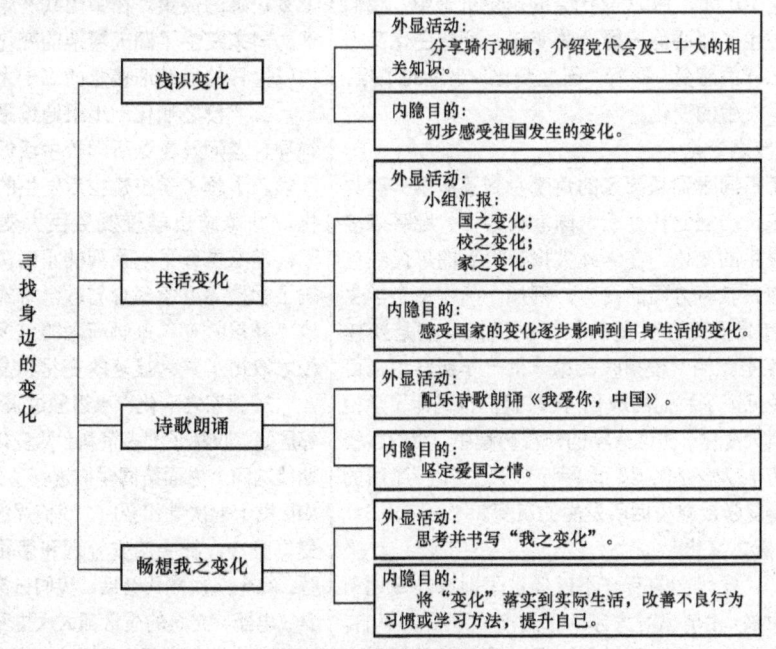

图 7.2 课程内容框架

四、教学过程

环节一：浅识变化	
教师活动	**学生活动**
1. 让骑行组的同学分享自己制作并剪辑的十一假期骑行视频及骑行过程中的见闻。 2. 介绍党代会的相关知识，引导学生初步了解党代会及党的二十大，了解每次党代会后发生的变化。 教师：每一次党代会都是非常重要的历史节点，都会产生不同寻常的历史影响，国家的发展都会迎来新的变化，我们的生活也在发生着翻天覆地的变化。	1. 分享十一假期骑行视频及骑行过程中的见闻：骑行路上，我们看到了林立的高楼、保存完好的古建筑及繁华的长安街，这些景象无一不在诉说着中国的繁荣富强。1949年新中国刚成立时，北京远没有如今这样的繁荣景象，我们能看到今天的盛景，得益于中国共产党的坚强领导…… 2. 初步了解党代会及党的二十大，了解每次党代会后发生的变化。
设计意图：通过让学生分享骑行路上的见闻，引导学生初步了解党代会的相关知识，感受北京和祖国这些年来发生的变化。	

环节二：共话变化	
教师活动	**学生活动**
1. 国之变化 教师：作为一名中国人，我们最应了解的就是从1921年召开中国共产党第一次全国代表大会至今，在这101年、19次党代会的历史进程中，我们的祖国发生了哪些翻天覆地的变化，这些变化又带给你什么样的感受。聆听"国之变化"小组的汇报，感受国家发生的变化。 2．校之变化 教师：同学们从国家的角度看到了从第一次党代会以来，历届党代会后，国家在政治、经济等多个方面发生的变化。在十九大报告提到的惠民红包中，也包括教育方面的内容，例如，确保每个学生都能享有公平而有质量的教育。我们学校是新建校，大家是我们学校招收的第一批一年级学生，可以说学校见证了我们的成长，同时我们也见证了学校发生的巨大变化。在这八年的建校历程中，我们学校究竟经历了哪些变化呢？请聆听"校之变化"小组的汇报，感受学校建校后所发生的巨变。 3．家之变化 教师：党代会的召开不仅促进了国家的变化和学校的发展，相信也对大家的家庭产生了很多影响。请聆听"家之变化"小组的汇报，感受家之变化。	1. "国之变化"小组通过收集素材得出以下结论：国家发生这些变化正是因为每次党代会及重要大会后，推行了很多正确的决策。在中国共产党的领导下，国家发生了翻天覆地的变化，让我们以优异的成绩迎接党的二十大召开。 2. "校之变化"小组通过采访学校领导、老师及在这所学校生活近八年的同学，了解了学校建校后发生的巨大变化，并总结出学校发生巨大变化的原因：国家推行了一系列的正确决策，影响了学校的办学理念与教学方式，在学校"尊重教育"办学理念的引领下，学校才取得了更为显著的变化和发展。 3. "家之变化"小组通过采访家长、邻居等，收集了很多资料，从变化之处和期待这两个方面给同学们进行了分享。比如：第十七次党代会后，我们周边的环境变得整洁，社会治安管理和惩罚力度加强。第十八次党代会后，我们日常用的家具、电器、文具的质量都大大提升了……这些变化都离不开中国共产党的领导。

(续表)

设计意图：通过收集资料、采访相关人员等，让学生了解国、校、家发生的改变，感受国家的发展如何促进学校和家庭的变化。

环节三：诗歌朗诵

教师活动	学生活动
教师：接下来用我们的方式来感谢中国共产党的领导，一起朗诵诗歌《我爱你，中国》，向我们的祖国致敬！	朗诵诗歌《我爱你，中国》。

设计意图：通过集体诗歌朗诵的形式，进一步使学生体会祖国的变化与腾飞，增强学生的"国在我心　我强国强"的爱国之情和我强国强的坚定信念。

环节四：总结

教师活动	学生活动
教师引导回顾并总结本节课的内容。	学生回顾并总结本节课的内容。

设计意图：通过总结，引导学生再次感受身边各个方面的变化，从而激励学生努力改变自己，为祖国的发展蓄力。

环节五：畅想我之变化

教师活动	学生活动
教师：在国家发展的大背景下，在学校多方位提升的带动下，以及在家庭变化的影响下，我们肯定也在逐渐发生变化。同样，我们的变化也会促进学校、家庭、国家发生变化。请各位同学思考，基于以上这些变化，我们又可以在哪些方面进行改变呢？作为学生，我们又能为学校、国家的发展贡献哪些力量呢？请各位同学在便利贴上写下自己想要改变的方面，分享后粘贴到展板上。	写下自己想要改变的方面，分享后粘贴到展板上。

设计意图：通过国家、学校、家庭的变化引导学生思考"我之变化"，将"变化"的主题落到学生的实际生活中，落实到学生的进取与不断进步中。

作业设计

利用周末时间反思本周自己设定变化的达成情况，并在《"我之变化"记录单》上做出自评。每周一班队会前请同组成员完成同伴互评，请相关教师完成教师评价。每周利用班队会时间分享自己变化的达成情况，师生共同评选出5名班级的"变化之星"。

"我之变化"记录单

周次	话变化	自评	同伴互评	教师评价

五、对尊重教育的体现与反思

（一）对尊重教育的体现

1. 本次班队会主题鲜明，目标明确，切合学生实际，整体设计思路清晰。可以看出，在班队会前教师与学生的准备都很充分。学生全员参与调查研究与采访，参与度高；班队会由学生主持，学生代表汇报与分享；最后由班主任总结，结构合理，有层次性，充分发挥了学生的主体作用。这本身就是对学生主体性的尊重。

2. 从班队会的环节设计来看，在"浅识变化"和"共话变化"的同时，普及了党代会的知识，紧扣主题；在诗歌朗诵环节注重学生的情感体验；在"我之变化"环节将主题落到"改变自我"，让学生体会到在今后的学习与发展中既要仰望星空，又要脚踏实地。

3. 本次班队会通过多种形式，使学生充分感受到"国在我心"的民族自豪感，增强了学生"我强国强"的使命感和尊重社会、奉献社会的意识，激发了其为中华民族伟大复兴而奋发学习的斗志。

（二）反思与改进

1. 在班队会上，学生有些紧张，发言与表达不够理想。班主任可以在中间环节加以引导，鼓励学生勇敢表达。

2. 在"国之变化"环节，可增加图片对比、数字对比或柱状图对比，增加图片或视频，这样会使学生对变化的感受更为直观和深刻。

（本案例由赵玮、王柳洁和杨超老师提供）

第三节　初中跨学科主题教育尊重进阶课程

——《遵守规则，为成长保驾护航》

本节课基于《义务教育语文课程标准（2022年版）》的要求，围绕立德树人的根本任务，充分发挥语文学科独特的育人功能和奠基作用，以促进学生核心素养发展为目标而设计的。在尊重学生现有的认知水平及核心素养的基础上，通过跨学科（语文学科和班队会）设计，创新教学内容与活动形式，充分发挥学生的主观能动性和自主探究能力。通过趣味性和知识性、理论性和实践性相结合的教学形式，引导学生认识规则的本质和意义，增强遵守规则的意识，学会遵守生活中的规则，培养其良好的行为习惯，从而进一步提升其核心素养。

一、课程背景分析

（一）背景分析

1. 理论背景

团体动力学认为：群体内聚力是作用于所有成员并促进其参与群体活动的各种力的组合。群体动力学家一般将具有内聚力的群体描述为：其成员为了一个共同的目标而一起工作，每个成员都愿意为群体分担责任，一致反对外来的攻击等。提高群体内聚力可以产生以下效果：（1）群体成员责任感的增强。（2）成员之间相互影响的增加。（3）成员价值取向的一致性提升。（4）成员安全感的发展。（5）群体生产力的提高。

本节课在皮亚杰的认知理论和马斯洛的需求层次理论的支撑下，重点以团体动力学为指导，充分发挥班集体的教育功能，通过团体来改变个体，采用行之有效和形式新颖的活动逐步引导学生认识遵守规则背后的本质意义，促进班级组织的构建，加强学生之间的交流与合作，培养学生的行为习惯和团队意识，树立良好的班风，提高班集体的凝聚力，为建设优秀的班集体打下基础。

2. 实践背景

为践行我校"尊重教育"的办学理念，课程设计要充分尊重学生的人格、个性差异和成长规律。初中阶段正是学生习惯养成、品行培养的重要阶段，迫切需要学生在心理层面深刻认知规则背后的本质意义，以更有力地引导学生自觉践行《中学生守则》和《中小学生日常行为规范》，进而使其成长为一个尊重社会、遵纪守法的合格公民。

（二）内容分析

本节课主要从尊重社会的维度出发，通过有趣的活动设置，引导学生探究生活中无处不在的规则，让学生了解社会生活离不开规则，社会秩序需要靠规则来维护，探索遵守规则的本质和意义，体悟规则所体现的尊重需求，树立遵守规则的观念，并在生活中践行规则。

（三）学情分析

本班为七年级学生，人数共 24 人，来自南苑片区不同的小学。教师通过前期的调查问卷了解到：学生行为习惯较差，尊重自我、尊重他人、尊重社会的意识较为淡薄，他们虽然熟知《中小学生日常行为规范》的具体内容，但在日常的学习生活中，践行得并不理想。究其原因，学生在内心深处缺乏对《中小学生日常行为规范》及日常生活规则的本质认知。

二、课程目标与重难点

（一）课程目标

1. 通过填写调查问卷，参与游戏，观看图片和视频等多种方式，深入探讨遵守规则的本质和意义。

2. 建立正确的遵守规则的观念，填写并展示《遵守规则包票卡》，培养遵守规则的良好习惯。

（二）重难点

1. 重点：理解遵守规则的本质和意义，并树立规则意识。
2. 难点：学会遵守生活中大大小小的规则。

三、课程内容设计

（一）课程规划方案

1. 课时分配：1课时
2. 教师准备：
（1）收集、整理"社会主义核心价值观"及《中小学生日常行为规范》相关材料。
（2）设计对规则本质及不遵守规则现象认知的调查问卷。
（3）准备小球、瓶子等用具及相关的图片、视频材料，制作《遵守规则包票卡》。
3. 学生准备：
（1）整理"社会主义核心价值观"及《中小学生日常行为规范》相关材料。
（2）完成教师设计的调查问卷。

（二）课程内容框架

课程内容框架如图7.3所示。

第七章 "尊重社会"维度的尊重进阶课程案例

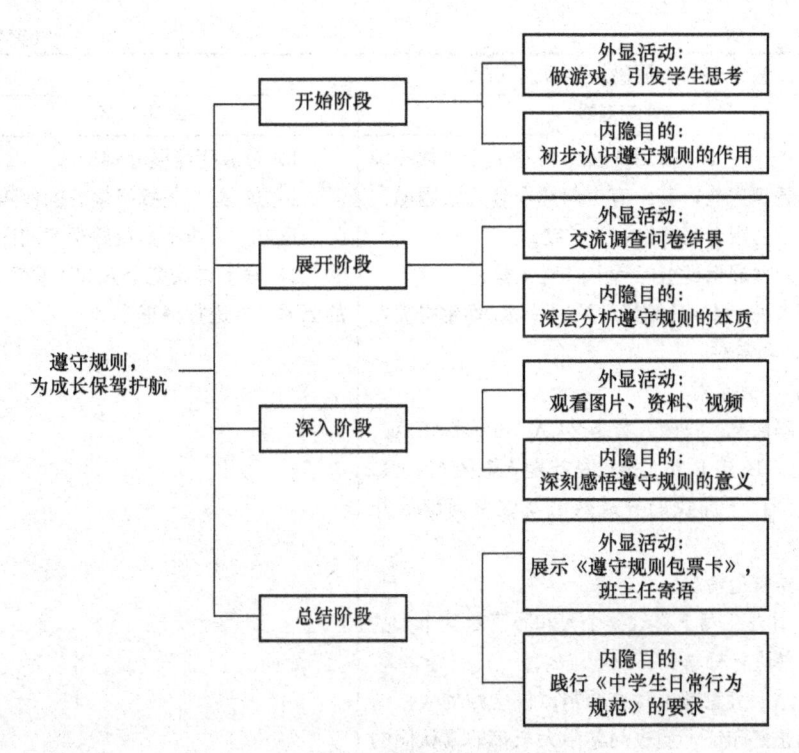

```
                            ┌─ 外显活动：
                   ┌ 开始阶段 ┤   做游戏，引发学生思考
                   │        └─ 内隐目的：
                   │           初步认识遵守规则的作用
                   │
                   │        ┌─ 外显活动：
                   ├ 展开阶段 ┤   交流调查问卷结果
                   │        └─ 内隐目的：
  遵守规则，         │           深层分析遵守规则的本质
  为成长保驾护航 ────┤
                   │        ┌─ 外显活动：
                   ├ 深入阶段 ┤   观看图片、资料、视频
                   │        └─ 内隐目的：
                   │           深刻感悟遵守规则的意义
                   │
                   │        ┌─ 外显活动：
                   └ 总结阶段 ┤   展示《遵守规则包票卡》，
                            │   班主任寄语
                            └─ 内隐目的：
                              践行《中学生日常行为
                              规范》的要求
```

图 7.3　课程内容框架

四、教学过程

环节一：创设情境，激趣导入	
教师活动	**学生活动**
组织学生做小球逃生小游戏。 教师：今天我们先来做一个小游戏，每个小组的桌上都有一个瓶子，瓶子里有四个带线的小球，老师来计时，看哪一组的四个小球最快逃出瓶子！ 教师：这个游戏告诉我们，遵守规则和秩序能让我们更快速地解决问题。今天，我们就来谈一谈遵守规则的重要意义。	参与小球逃生小游戏。 获胜小组发表感言：获胜的原因是小组成员分工明确，确保了小球有规则、有秩序地逃出瓶子。
设计意图：创设情境，通过做游戏激发学生对本节课主题"遵守规则"的思考。	

(续表)

环节二：遵守规则，是搞好学习的保障	
教师活动	学生活动
1. 教师：课前，我们做了一个关于"遵守规则"的调查问卷，其中有个问题令老师很困惑，想让同学们帮老师解决这个难题。 用课件展示调查问卷中的第5题。 有人说：纪律是搞好学习的保障，你觉得呢？ A．非常对 B．不完全对 答题情况：答题人数是24人，9人选了A，15人选了B，选B的人数占总答题人数的62.5%。 教师：下面我们分成两组就这个问题展开辩论！ 总结辩论情况。 2. 让学生写下喜欢某个人和不喜欢某个人的原因，并进行分享。 总结：大家都喜欢有原则、讲规则的人，这其实也正好印证了调查问卷中大家都非常认同的观点。那就是调查问卷中的三个题。第一题，即人是群居动物，具有社会属性，每个人的成长都与他人息息相关；第六题，有人不守规则会对你造成影响；第七题，如果自己违反了规则，会对他人造成影响。这样我们可以达成共识，即遵守规则是搞好学习的保障！	1. 分成两组展开辩论。 正方：纪律是搞好学习的保障。 反方：纪律不是搞好学习的保障。 2. 写下喜欢某个人和不喜欢某个人的原因，并进行分享。
设计意图：通过辩论、小组合作交流、分享讨论等方式引导学生由表及里、由浅入深地认识遵守规则的意义。通过让学生表达对其他同学的评价，进一步认知遵守规则在人际关系中的作用。	

环节三：遵守规则，是自身安全的保障！	
教师活动	学生活动
教师：遵守规则，除了能够保障我们的学习更有效地进行，还能给我们带来什么呢？ 展示校园事故图片。 播放不遵守交通规则导致严重伤亡事故的视频。	小组交流，总结图片和视频中出现的问题及带给自己的思考。
设计意图：通过让学生观看图片、视频，了解新闻热点，进行交流分享等方式，引导学生从个人生命安全的角度深入思考遵守规则的意义。	

(续表)

环节四：遵守规则，是走向卓越的保障	
教师活动	学生活动
教师：除了注意到遵守规则可以确保安全，你还发现了什么？分享两则关于历史伟人遵守规则的小故事。 教师：从上面两则伟人的事例中，我们可以看出，卓越之人一定是遵守规则的人！遵守规则，虽然不能保证让我们成为伟人，但一定能让我们的思想和灵魂走向卓越！下面请你在《遵守规则包票卡》上写下你对遵守规则的认知及承诺！ 遵守规则包票卡 在学校，我是一名合格的学生；在社会，我必须胜任多重合格的角色，因此我承诺：在生活中，我一定遵守_____的规则，因为它会让我_____！ 承诺人： 时间： 北京教育科学研究院丰台学校	1. 小组展示交流结果——秩序与规则体现良好的素质与教养，带来整个社会的和谐与美好。 2. 填写《遵守规则包票卡》。
设计意图：通过观看图片，分享名人事例，发表看法等方式，引导学生从思想的高度认识遵守规则的本质意义，进一步深化他们对遵守规则的认知和领悟。	
环节五：总结提升	
教师活动	学生活动
班主任寄语：今天，我们一起探索了"遵守规则"带给我们的意义！希望大家以此为新的起点，更好地去遵守生活中的规则，更有力地践行《中小学生日常行为规范》。播种行为，收获习惯；播种习惯，收获性格；播种性格，收获命运！愿在我们成长道路上，"遵守规则"始终为我们保驾护航！	展示各自的《遵守规则包票卡》，承诺遵守规则。
设计意图：总结归纳，深化认识，升华主题。	
环节六：作业设计 1. 撰写班级文化核心词，确定班名、班训、班徽、班歌等，建设班级文化。 2. 班级纪律委员制作并张贴班级《遵守规则量化表》，落实反馈和评价。	

五、对尊重教育的体现与反思

（一）对尊重教育的体现

1. 尊重学情，了解学生的认知水平与现实表现

在课前，教师设计了一份调查问卷，通过调查，教师对学生的认知水平及行为习惯有了更具体的了解和认识，基于学生的认知水平与现实表现，设计本课主题，突显了课程目标的针对性与目的性。

2. 尊重规律，践行"尊重教育"的理念

本节课在皮亚杰的认知理论和马斯洛的需求层次理论的支撑下，重点利用团体动力学理论，从尊重社会的维度出发，通过教师和学生共同解决问题，学生之间多次交流分享等方式，引领学生由浅入深地认知遵守规则的意义，充分践行了我校"尊重教育"的办学理念。

3. 尊重主体，全员参与

在本节课，学生是学习的主体。学生通过做游戏，参加辩论赛，观看相关的图片、资料和热点新闻、视频，分享名人故事，写包票卡等多种形式，激发了自我发展的内在动力，达成了促进学生核心素养发展的目的。

（二）反思与改进

学生辩论的环节还需要更精心的设计和组织。同时，教师还需要加大对学生培养和锻炼的力度，争取下一次班队会时，学生能在教师的指导下完全独立组织和主持班队会。另外，调查问卷中的某些问题还需要做进一步的调整和修改。

（本案例由张艳英、李哲老师提供）

第四节　初中历史尊重进阶课程

——《社会主义制度的建立》

从 1953 年开始，中国共产党就有计划地推进社会主义工业化，并对个体农业、手工业和资本主义工商业进行社会主义改造。1956 年，社会主义基本制度得到确立。通过对本主题的学习，学生可以感受身边的历史，体会中国共产党在建立和建设社会主义基本制度的过程中勇于奉献、不畏艰难的精神，学习工人、农民阶级身上的先进性，激发学生学工学农学劳动，从而更好地了解社会认识社会并立志奉献社会。

一、课程背景分析

（一）理论背景

习近平总书记 2022 年 8 月在辽宁考察时提到"中国式现代化是物质文明和精神文明相协调的现代化，要弘扬中华优秀传统文化，用好红色文化，发展社会主义先进文化，丰富人民精神文化生活"。红色文化是中国共产党在带领中国人民进行革命、建设和改革开放历程中，积淀和孕育的所有物质文化、理论成果、制度建设和精神财富的总和。将红色文化与历史学科核心素养相结合，立足历史学科特色，发挥历史学科在弘扬红色文化方面的积极作用。将史料分析和历史实践活动相结合，培养学生的政治认同、集体主义观念，磨炼学生的意志，使学生积极参与到社会实践中。

《义务教育历史课程标准（2022 年版）》要求：知道中共八大；了解"大跃进"运动、人民公社化运动等错误与调整国民经济的"八字方针"；认识这一时期取得的政治、经济、外交、国防、科技等成就及其具有的开创性、奠基性意义；了解毛泽东对中国特色社会主义革命和社会主义建设的贡献，认识毛泽东思想的重要指导意义；了解以王进喜、雷锋、钱学森、邓稼先、焦裕禄等为代表的广大干部群众艰苦奋斗的事迹；了解"文化大革命"的严重危害及主要教训。

（二）内容分析

本课属于部编版教材八年级（下）第二单元"社会主义革命和社会主义建设道路的探索"的第二课时，上接人民代表大会制度的确立和"一五"计划，下接艰辛探索与建设成就。三大改造的完成，使中国实现了生产资料私有制向社会主义公有制的转变，社会主义基本制度在中国建立起来。

（三）学情分析

1. **整体情况**

初二年级学生思维比较活跃，对历史学习有较大的兴趣，本单元的内容理论性较强，将历史知识与日常生活相联系，帮助学生加强理解。对于本单元的内容（如"一五"计划等），学生在课外了解得较少，但人民代表大会制度在道德与法治课上有所提及。经过一个半学期的历史课程学习，学生已经具备了初步的历史材料分析的能力，能够通过自主学习、合作探究的方式对史料进行理解，概括三大改造发生的原因、影响等，教师可以让学生自主阅读材料，提炼关键点。

2. **已有基础**

学生对于新中国成立前期的状况已经有所了解，具有了对土地所有制的初步认识。本课的主要内容是三大改造，学生之前接触较少。

二、课程目标与重难点

（一）课程目标

1. 了解农业社会主义改造的形式；辩证地评价三大改造。
2. 通过总结与分析丰台区的变化，对比相关材料，了解农业、手工业、资本主义工商业改造的过程，理解三大改造的概念和历程。
3. 领悟中国共产党对社会主义改造的探索和创造精神，认识到社会主义的优越性，为社会主义现代化建设贡献力量。

（二）重难点

重点：三大改造的相关内容。
难点：理解三大改造的实质和意义。

三、课程内容设计

（一）课程规划方案

主　题	内　容	课时安排
三大改造	国家对农业、手工业和资本主义工商业进行社会主义改造的历史	一课时

（二）课程内容结构

学习主题	社会主义制度的建立和社会主义建设道路的探索		
核心任务	1. 如何建立社会主义制度？ 2. 怎样建设社会主义？		
课段统筹	第一课段（1课时） （新中国工业化的起步和人民代表大会制度的确立）	第二课段（1课时） （三大改造）	第三课段（1课时） （艰辛探索与建设成就）
学习资源	教材、纪录片、图片等相关材料 通过学案设计、多媒体互动等创设情境	教材、视频、图片等相关材料 通过多媒体互动等创设情境	教材、视频、图片等相关材料 通过多媒体互动等创设情境

(续表)

学习任务	任务一：探究"一五"计划的背景。 任务二：了解和分析新中国经济建设，"一五"计划的主要成绩，认识其意义。 任务三：了解第一届全国人大、第一部宪法，理解人民代表大会制度。	任务一：探究农业、手工业、资本主义工商业社会主义改造的方式。 任务二：辩证地评价三大改造。	任务一：通过预习，选择社会主义探索时期的任意一项建设成就或一位模范人物，用手抄报的形式描绘成就背后的故事，并进行讲述。 任务二：结合所学，思考社会主义建设在非常困难的情况下取得如此巨大成就的原因。 任务三：结合所学，绘制社会主义探索时期中国发展趋势折线图，说明理由并概括特点。
设计意图	运用问题教学法、探究教学法充分展开史料学习，坚持论从史出，史料实证的方法，突破教学难点，加强学生史料阅读、提取关键信息的能力，培养学生的理解能力。	充分利用丰台区历史文化资源，把生活实践与课本知识结合起来，通过创设、感悟历史情景，提高学生学习、思考的积极性，引导学生将所学知识带入生活，以提高解决实际问题的能力。	学生自主从多渠道搜集资料，有理有据、逻辑清晰地在具体的历史时空下评价人物，感悟英雄人物模范精神，培养家国情怀。
学习目标	1. 能够通过分析材料，总结并分类"一五"计划的成就。 2. 能够将道德与法治课堂上所学人民代表大会制度的内容迁移运用到本节课。	1. 通过情景学习，能够说出社会主义改造的主要方式。 2. 能够运用丰台红色文化资源，将历史知识与生活实际相结合。	1. 能够完整地介绍英雄模范人物，语言流畅。 2. 能通过口头或书面的方式，向他人推荐革命文化和社会主义先进文化，体会社会主义建设的曲折性，社会主义制度的优越性。

四、教学过程

环节一：农业的社会主义改造	
教师活动	学生活动
通过多媒体展示农业实现合作化后，农民代表向党中央报喜的图片，介绍图片中的农民代表是丰台区白盆窑村党支部书记。	阅读材料，回答教师提出的问题。

(续表)

教师活动	学生活动
问题一：为什么要进行农业的社会主义改造？ 引导学生阅读材料后提问：李宗和在做什么？实施了什么样的国家政策？土地改革之后出现了什么问题？ 问题二：农业社会主义改造的形式和过程是怎样的？ 引导学生阅读材料，从材料中提炼答案。 问题三：农业社会主义改造的结果如何？ 引导学生分析图表和材料，思考农业合作化起到了什么作用。	

设计意图：通过例举丰台区模范人物的工作经历，引导学生在课堂中感知身边的历史，培养他们发现生活、热爱生活的品质。在此过程中，让学生领悟中国共产党党员在建立和建设社会主义制度的历程中表现出的勇于奉献、不畏艰难的精神，展示社会主义制度的卓越优势。

环节二：手工业的社会主义改造

教师活动	学生活动
问题：手工业社会主义改造的原因、方式是什么？ 引导学生阅读材料，根据丰台区本身的手工业情况进行分析。	阅读材料并回答问题。运用分析农业社会主义改造的方法，分析手工业社会主义改造的方式和影响。

设计意图：让学生利用刚刚分析农业社会主义改造的方法，举一反三，分析手工业社会主义改造的原因、过程和效果，锻炼学生自主分析问题、解决问题的能力。

环节三：资本主义工商业的社会主义改造

教师活动	学生活动
问题：资本主义工商业改造的方式是否和农业、手工业改造的方式一样？ 通过多媒体展示公私合营股票的图片。同时展示补充材料，介绍公私合营及赎买政策。 结合教材的拓展知识，介绍典型老字号（同仁堂）公私合营的案例。 引导学生分析三大改造的历史意义。	阅读材料，在小组讨论后回答问题。

设计意图：利用北京的历史文化资源优势，让学生通过感受老字号品牌的变化，感受所有制的变化，突破重难点。

五、对尊重教育的体现与反思

（一）对尊重教育的体现

八年级下册的历史内容体现了较强的家国情怀。本节课涉及的历史知识是社会主义改造和社会主义制度的建立，内容理论性较强，学生对于概念性、理论性的知识理解起来有难度。于是，本节课在选取历史佐证材料时，选取的是学校周边丰台区南苑片区的历史资料。通过展现南苑片区的发展历程，结合学生现有的认知基础和经验，引导学生分析南苑片区在 20 世纪 50 年代发展迅速的原因，激发学生的学习兴趣，培养学生的历史思维能力。同时在了解南苑片区的社会主义改造的过程中，认识到三大改造体现了我国努力调整社会关系以适应当时的生产力发展状况，从而引导学生认识社会的发展趋势，从实际情况出发，尊重社会的客观发展规律。

在教学过程中，教师展示了相关视频，尤其在公私合营部分，能够帮助学生进一步理解公私合营的过程，以及资本主义工商业参加公私合营的态度，从而升华全国各行业人民对于建设社会主义的热情，弘扬劳动精神，引导学生学会尊重劳动，尊重劳动人民。

（二）反思与改进

1. 学生的主体作用发挥不足

本节课学生的参与程度不够理想。教师应创造更多与学生互动的机会，有针对性地设计学生的学习活动，以引导其主动参与到社会主义制度建立方式、过程和意义的学习与讨论之中，在这一过程中，指导学生自主思考，解释历史，形成对历史发展的认知，从而加深对社会主义建立和建设艰苦历程的理解。促使学生形成尊重社会、奉献社会的意识，进一步坚定理想信念。

2. 应进一步强化家国情怀的培养

教学过程中，教师可通过"三大改造"的前后对比，帮助学生理解我国进行社会主义改造的必要性。同时，教师可将"三大改造"与当今社会发展相结合，通过古今对比，帮助学生了解"三大改造"对当今社会发展的影响，将历史与现实密切联系，帮助学生认识中国走社会主义道路的历史必然性和探索这条道路的艰巨性，进而增强学生的社会责任感和为社会发展做贡献的意识。

3. 应设计延伸教育活动

对学生家国情怀的培养，不是仅靠课堂教学完成的，需要课内外学习与实践活动相结合。教师应结合学生的实际情况，进一步鼓励学生自主搜集"三大改造"的相关资料，开展延伸性教育活动，引导学生自主探究社会主义制度的优越性。通过让学生参与更多的调查、展示与交流研讨，激发其兴趣，增强其体验感，从而达到更好的育人效果，并引导学生更好地认识社会、感受社会和奉献社会。

（本案例由宫莉莉、雷瑞琴老师提供）

第八章

"尊重自然"维度的尊重进阶课程案例

根据尊重进阶课程的四个维度,在尊重自然维度中,我们设计了走进自然、探究自然和保护自然的三个层次。在尊重进阶课程的实施过程中,我们基于对学情的深入调查研究,组织班主任、任课教师和家长等参与课程研讨和开发。通过"尊重自然"主题班队会、综合社会实践活动、劳动教育及学科教学深度融合等途径,我们将尊重自然的教育理念贯穿教育教学过程的始终,从而增强了学生保护自然的意识和社会责任感,使学生的环保理念逐渐内化于心、外化于利。

第一节 小学劳动教育尊重进阶课程

——《太空种子种植》

根据尊重进阶课程中尊重自然的维度及走进自然、探究自然和保护自然的进阶要求,结合小学低年级学生的特点,杨博文老师选择了"太空种子种植"这一主题。通过这一主题的教育,引导学生从小走进自然,培养学生对自然的热爱,并激发其对自然进行探究的欲望。

一、课程背景分析

(一)理论背景

党的二十大报告指出:人与自然是生命共同体,无止境地向自然索取甚至破坏自然必然会遭到自然的报复。我们坚持可持续发展,坚持节约优先、保护优先、自然恢复为主的方针,像保护眼睛一样保护自然和生态环境,坚定不移走生产发展、生活富裕、生态良好的文明发展道路,实现中华民族永续发展。我校提出的"尊重教育"的办学理念,从尊重自我、尊重他人、尊重社会、尊重自然四个维度对课程进行了综合性的改革，建立并完善了校本化的尊重教育课程体系和尊重进阶特色课程体系。实施好校本化的尊重教育课程是贯彻党的二十大精神的具体实践，教育并引导学生从小走进自然、探究自然和爱护自然，是对学生进行生态文明教育的最好途径。

《义务教育劳动课程标准（2022年版）》指出：初步体验简单的种植、养殖、手工制作等生产劳动，能规范地使用常用的劳动工具，了解常用材料的作用与特征，对劳动过程中遇到的问题具有好奇心和探究欲望。结合具体植物养护或动物饲养活动，观察植物的生长发育情况，了解小动物的生长发育情况与生活习性，知道身边常见动植物的养护方法，培养对动植物的喜爱之情。引导学生用摄像设备、测量工具等器具，以及图画、文字等方式，记录植物的生长情况；以一个月或一学期为一个周期，开展种植成果展示和经验分享活动。还指出：初步形成关爱生命、尊重自然，遵循动植物生长规律和季节特点进行科学劳动的观念。初步学会与他人合作劳动，在种植、饲养过程中不怕困难，养成有始有终的劳动习惯，懂得"一分耕耘，一分收获"的道理。

我校在尊重进阶课程中开设"尊重自然"系列课程就是要激发学生对自然的热爱之情，让学生感激自然对人类的哺育，树立可持续发展观念，勇于承担保护环境的责任。

（二）学情分析

在一年级的科学课中，我们已经学习了植物的相关内容，而在三年级的劳动教育课中，我们专门在第三单元安排了"小种植"课程，对于这门课程，学生表现出极大的求知欲，大部分同学对这门课程充满浓厚兴趣。在劳动教育课上，学生有充分的机会动手、动脑、动口，不仅能够学到有趣的知识，而且语言表达能力和与他人的交流能力也将得到一定的发展和提高。心理学研究表明，三年级的学生思维主要以具体形象思维为主，他们活泼、好动，对动手实践活动表现出浓厚的兴趣。通过让学生经历"实践—认识—再实践—再认识"的过程，有助于培养学生的动手实践能力和创新意识。

二、课程目标与重难点

（一）课程目标

1. 劳动观念：了解太空种子与人类的生活密切相关，其对我们的生活环境起着重要作用。

2. 劳动能力：认识并学会使用常见的种植工具，能够对太空种子进行日常管理与养护。

3. 劳动习惯和品质：学会利用调查、实际考察、上网查询等多种方法，获取知识。在对太空种子进行日常管理与养护的同时进行记录，养成善于总结、归纳所学知识的好习惯。

4. 劳动精神：激发学生对大自然的热爱，践行尊重自然的理念。在实践活动中，培养学生团结协作的劳动精神。

（二）重难点

1．重点：学会太空种子的种植方法。

2．难点：在对太空种子进行管理与养护的过程中，培养热爱自然、尊重自然和保护自然的意识。

三、课程内容设计

课程内容框架如图 8.1 所示。

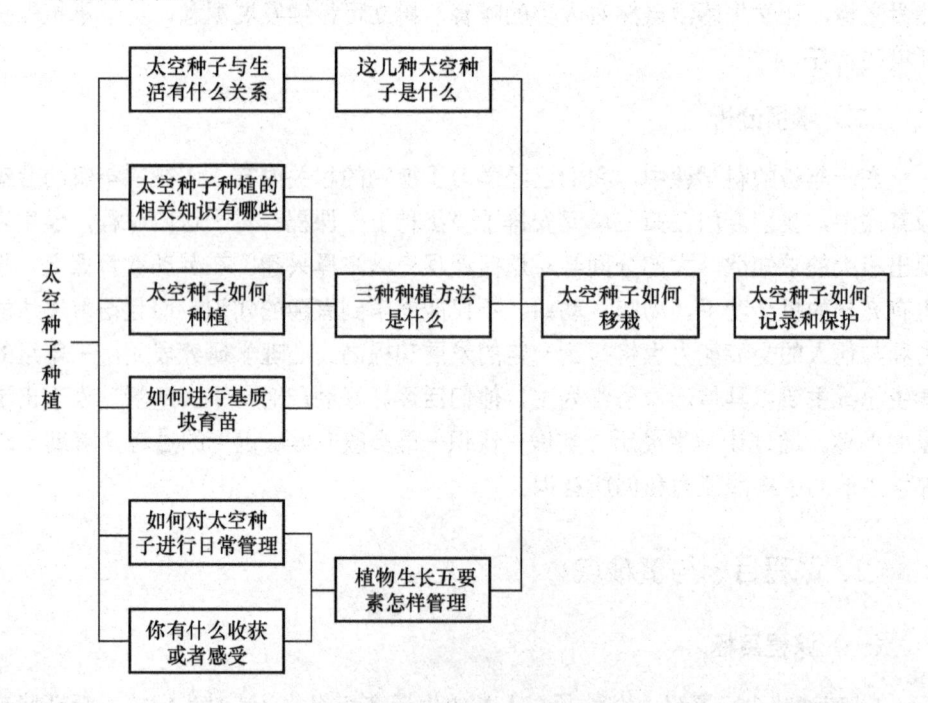

图 8.1 课程内容框架

四、教学过程

环节一：知道太空种子与生活密切相关	
教师活动	学生活动
通过课件展示太空种子并提问： 　这几种太空种子是什么？和我们的生活有什么关系？ 　小结：太空种子影响着我们的衣食住行和身心健康，与我们的生活密切相关。我们要好好地保护身边的一草一木，保护我们赖以生存的自然。	看图思考并回答教师提出的问题。 　学生总结：这些太空种子与我们的衣食住行密切相关。我们还可以通过查阅图书、采访、上网查询的方法了解更多关于太空种子的知识。
设计意图： 引导学生掌握从生活中学习的方法，培养学生对太空种子的兴趣和对自然的热爱；引导学生通过多种途径进行学习，将学习场所扩展到课外、网络。	
环节二：了解关于太空种子种植的基本知识	
教师活动	学生活动
1. 了解太空种子的相关知识 （1）提问：太空种子的生长需要哪些条件？结合学生的发言，总结并板书。 （2）用图片展示常用的几种种植工具：铲子、耙子、小铁锹、剪刀…… 　提问：在我们的种植活动中，这些工具是用来做什么的？ （3）提问：我们还需要准备哪些东西？这些东西是用来做什么的？ 　小结：不同太空种子生长需要的营养不同，因而肥料的种类和功效也不同，我们在使用时要仔细阅读说明书，正确选择。 2. 认识常见的太空种子 （1）教师：我这里有一些太空种子，你认识吗？ （2）认一认，连一连。把种子和相对应的植物连起来。	1. 了解太空种子的相关知识 （1）思考并回答问题。 （2）说说各种种植工具的使用方法。 （3）回答教师的问题。（预设答案：花盆、土、肥料、喷壶……） 2. 认识常见的太空种子 （1）观察种子，说出相应的名称。 （2）连线并说明理由。
设计意图： 通过对太空种子生长条件及种植工具的讲解，为种植活动做好准备。另外，通过连一连的方式，引导学生掌握从生活中学习的方法。	
环节三：学习种植方法	
教师活动	学生活动
教师：现在我们来一起学习种植方法。 1. 让学生看书并整理知识点，然后在小组内交流讨论，并选出代表进行汇报。	1. 看书并整理知识点，在小组内交流讨论，并选出代表进行汇报。 2. 思考教师提出的问题。

(续表)

教师活动	学生活动
根据学生的汇报进行整理。 （1）播种前的准备：选种和浸种。 （2）播种方法：点播法、穴播法、撒播法。 2．通过提问引导学生思考 我们要选什么样的种子？浸种有什么好处？ 哪些种子适合使用撒播法？哪些适合使用点播法、穴播法？ 3．教师：上面三种种植方法，我们将在种植实践课继续练习。我们今天来学习基质块育苗。播放视频，展示图片。	3．观看视频和图片。

设计意图：通过小组间交流，引导学生正确评价自己和他人，鼓励他们勇于表达自己的观点，培养学生的自主学习及知识整理等技能。利用视频演示，进一步激发学生对种植的热情，并激发他们对实践种植方法的渴望。

环节四：基质块育苗实践

教师活动	学生活动
1．将材料分给各小组，让学生进行育苗实践。提醒学生注意操作安全和卫生。 2．评价交流。 评价要点： （1）育种过程是否正确。 （2）种子埋的深度是否合理。 3．评价后修正种植中遇到的问题。	1．进行育苗实践。 2．汇报交流，在交流中巩固种植知识。 3．修正种植中遇到的问题。

设计意图：通过实践巩固所学的育苗方法，培养学生的语言表达能力和分析判断能力，通过交流来强化对育苗相关知识的理解。

环节五：太空种子的日常管理

教师活动	学生活动
1．了解太空种子的日常管理事项 教师：我们种下的每一颗种子都是一个生命，我们要好好爱护它，照顾好它。你知道在太空种子的日常管理中有哪些注意事项吗？ 2．通过课件展示"四季施肥小常识"。 3．尝试进行记录 教师：为了将我们的种植过程完整记录下来，根据太空种子的生长情况调整管理措施，使我们栽种的太空种子长得更好，我们可以尝试进行记录。 通过课件展示《管理和观察记录表》，引导学生学习科学记录和管理的方法。	1．根据对日常生活的观察进行回答。 2．观看"四季施肥小常识"。 3．学习科学记录和管理的方法。

设计意图：通过使用记录单，引导学生学习科学记录和管理的方法。

（续表）

环节六：拓展总结	
教师活动	学生活动
1．教师：你还知道哪些育苗方法？你还能用哪些不同的方式来表达对太空种子的热爱？ 2．请学生在课后了解这些太空种子应该如何养护与管理，并把了解到的信息填到表格里。 3．引导学生说一说这节课的收获和感受。 4．教师：希望同学们将自己种植的小生命照顾好，看着它发芽、长大、开花，同时收获快乐和幸福！	1．思考如何表达对太空种子的热爱。 2．看一看、写一写，通过采访和上网查找资料填写表格。 3．结合板书总结本节课的收获和感受。
设计意图：在引导学生学会种植技法的同时，融入热爱自然、保护自然的可持续发展理念的教育。	
板书设计	

太空种子种植

太空种子与生活：密切相关

太空种子生长条件：肥料、水、阳光、空气、温度

播种方法：点播法、穴播法、撒播法

种植技法：基质块育苗

播种后：日常管护 移栽

五、对尊重教育的体现与反思

（一）对尊重教育的体现

1. 注重引导学生发现问题和解决问题

通过对教育教学内容的巧妙设计和使用关键引导性语言，让学生在提出问题的基础上，结合自己的生活经验进行自主学习，以小组合作学习的方式，总结植物的种植和管理方法。为学生提供一定的空间和时间，让他们独立研究植物的种植技术，在教师的引导下，学生开展自主探究。同时，教师及时关注学生在探究过程中的发现，以增强学生对自然的热爱，并培养了学生探究自然的能力。

2. 注重培养学生动手和动脑的能力

通过小组学习，学生分享了他们自学的研究成果，从而增长了知识。学生对于植物的生长环境和种植方法，都有了一定的了解，为下一步亲自种植奠定了基础。学生通过相互学习、小组研究及观看视频演示等方式，掌握了基质块育苗的一般步骤。这一系列活动不仅锻炼了学生的动手和动脑能力，还让学生体验到了种植的乐趣，培养了学生热爱自然、尊重自然和保护自然的意识。

3. 注重培养学生亲近自然、尊重自然的意识

儿童的生命成长需要自然元素的滋养，他们在亲近自然的经历中充实生命，

完善自我。从环境可持续发展的角度出发，从小培养学生尊重、热爱和保护自然显得尤为重要。为实现这一目标，必须从让学生有机会亲近自然开始。只有在亲近自然的过程中，才能逐渐认识自然，进而培养其尊重自然、热爱自然的意识，最终才能使其产生保护自然的行动。

亲近自然不是旁观自然，而是意味着学生要主动与自然充分互动，在这种互动中建立亲密友好的关系。在为学生提供了亲近自然的条件后，教师应该为学生创造机会，让他们与自然亲密互动。学生亲自参与种植、照料和收获的全过程，从中获得感受和体验，提升能力和品位，完善个性和人格。通过教育，帮助学生获取与自然和谐相处所需的知识和技能，让学生明白人类对环境的依赖，理解人与自然、环境之间的相互依存关系，鼓励他们积极参与面向可持续发展的决策和行动，从而促进学生良好品德的形成和社会化发展。

（二）反思与改进

反思本节课的教学效果，尚有以下几方面需要改进。

1. 增加师生之间、生生之间的互动与交流

在这次教学中，一方面小组自主互学的时间安排较为有限；另一方面，在交流环节，学生的提问相对较少。教师应为学生创设更多的合作交流机会，让学生深入了解太空种子的外形特征、生长条件，支持学生自主劳动、观察与探究，从而让学生萌发对大自然的热爱之情，进而形成尊重生命、保护环境的意识。

2. 育人功能发挥和融入生态视野不足

应在生态文明教育的大背景下去培养学生尊重自然的观念，激发其对自然界中各种植物的兴趣，学会用欣赏的眼光看待周围世界，发现大自然与人们生活的密切关系，萌发与大自然、同伴、环境等和谐相处的愿望，进而进一步增强生态文明的意识，并逐渐付诸行动。

3. 持续深入研究，践行尊重自然

生态文明教育本身就有尊重自然之意，这种教育不是靠几节课或几次活动就能达到目的的，需要持之以恒的教育。因此，教师将结合学生的实际情况力争在课程规划建设、主题教育实施、家校共育和环境创设等方面进行更多的教育实践。引导学生在种植太空种子的活动中不断观察、体验、操作和表达，促进家校合作参与种植活动，让学生浸润在自然元素为主的环境中，为学生亲密接触自然并进行实际的操作活动提供更多有利条件。

附："太空种子种植"课后学习单

一、学习内容：太空种子种植技术
1. 通过多种途径进行学习，拓宽视野。 2. 学习科学记录和管理的方法。 3. 逐步掌握简单的种植技术。

(续表)

二、学习方式：查阅图书、采访、上网查询、实践探究

三、达成目标：了解太空种子生长的有关知识，掌握太空种子种植的方法

《管理和观察记录表》

日　期	星　期	天　气
（看到的现象和采取的措施）		

看一看、写一写

太空种子的名称	种植环境	养护和管理方法
太空香菜		
太空番茄		
太空黄瓜		
太空彩椒		
太空驱蚊草		
太空南瓜		
太空甜椒		
太空金光菊		

（本案例由杨博文老师提供）

第二节　小学美术尊重进阶课程

——《画古树》

根据尊重进阶课程中尊重自然的维度，以及尊重自然维度中走进自然、探究自然和保护自然的进阶要求，结合小学三年级学生的特点，刘振华老师选择了"画古树"这一主题。通过这一主题的教育，引导学生深入自然，培养他们对自然的热爱，从而激发他们探究自然的欲望。

一、课程背景分析

（一）理论背景

《义务教育艺术课程标准（2022年版）》中强调：将美术与自然、社会及科技相融合，探究各种问题，提高综合探索与学习迁移的能力。还提出：联系3~5年

级学生的日常生活和学习，选择"美术与自然""美术与文化""美术与科技"等1~2个主题开展教学活动；采用体验化教学、具身化教学、信息化教学等多种教学方法。

在我校的《尊重进阶主题教育课程方案》中，三年级属于"走进自然"层次，对本层次的学习要求为：以关注身边或周围环境为主要内容，例如，了解一些属于自然的事物，观察校园中的动植物，感受自然界中变幻莫测的风和云，培养观察能力和对自然的热爱。基于以上要求，本节课通过课前实践、引导观察、合作探究、多形式创作、自主展示等多种教学手段，激发学生的兴趣，培养其创新意识。通过调动学生的多种感官，提高学生的主动性，以激发学生对古树的关心和喜爱，树立起保护古树的意识。

（二）内容分析

《画古树》是北京义务教育课程改革实验教材小学三年级第9课的内容，属于"造型表现"学习领域，是线描写生体系的一部分。本课旨在引导学生通过观察，感受古树的美，了解古树作为自然文化遗产的重要性，探究用线表现古树的方法。同时，通过引导学生在艺术实践中感悟古树文化与艺术创作的关系，提升用线造型的能力，并激发学生爱护自然、保护环境的意识。

（三）学情分析

小学三年级的学生经过两年多的学习，已经具备了一定的线造型能力。绝大多数学生在线条绘画方面有了相当的基础，能够较为出色地完成线描作业。学生的观察力相较于低年级时有了显著的提升，对周围事物有了更感性的认识，因此在绘画中已经能够表现自己的情感。然而，这个年龄段的学生在观察过程中可能不是非常仔细，在写生方面的技巧也存在一些欠缺。有个别学生在线条表现方面相对较弱，可能需要更加个性化的辅导和支持。

二、课程目标与重难点

（一）课程目标

1. 简单了解古树的相关知识和形态特征，学习用线条表现古树的方法，能运用线描方法描绘古树的特点。

2. 通过课前实践活动观察古树，了解古树的相关知识；通过欣赏、小组讨论、游戏、体验等多种方式，认识古树的特点，并学习用线描方法进行表现；在充分体验的基础上，学会表达自己的感受。

3. 通过欣赏、分析、评价等活动，感受古树的美，激发喜爱古树的情感，树立保护古树的意识。

（二）重难点

1. 重点：认识古树的形态特征，学习用不同的线条表现古树。
2. 难点：用线条表现古树的特点，表现其树枝、树叶的遮挡关系，并在这一学习过程中，激发学生喜爱古树的情感，树立保护古树的意识。

三、课程内容设计

（一）教学方法

情境法：设计一个制作保护古树宣传卡的情境，以渗透尊重教育。
比较法：展示学生的古树作品，引导学生通过比较研究古树的表现方法。
演示法：进行古树表现方法的演示。
探究法：通过让学生回忆见过的古树观察古树图片，探究古树的特点。
欣赏法：在做作业前让学生欣赏古树的图片及其他同学的作品，拓展学生的创作思路，激发其联想和想象。

（二）教学准备

1. 教具准备：白板、课件、课题卡片、板书卡片等。
2. 学具准备：彩笔、刮画纸、刮画用具等。

（三）课程内容框架

课程内容框架如图 8.2 所示。

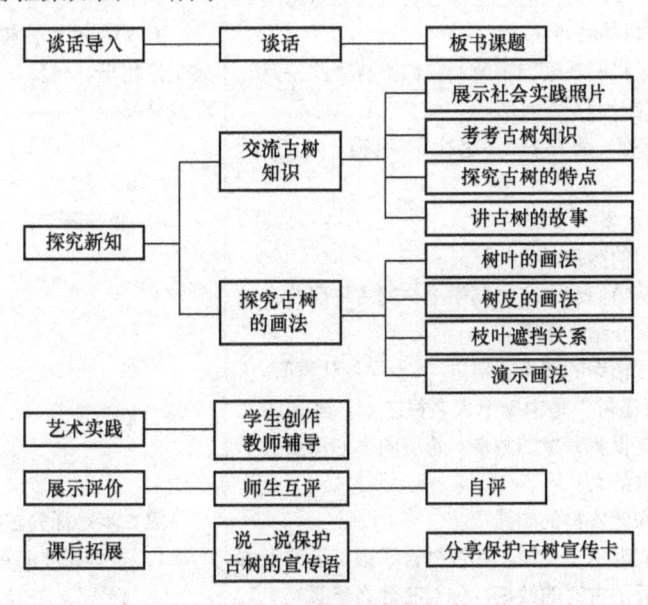

图 8.2 课程内容框架

五、教学过程

环节一：导入新课	
教师活动	**学生活动**
教师：我们都知道，树木是人类的朋友，树木给我们带来很多好处，而古树又有它特殊的价值，今天我们就来学习《画古树》一课。 板书本节课主题：画古树	明确本节课主题。
设计意图：由树木的价值引出古树的特殊价值，激发学生的求知欲，导入新课。	
环节二：探究新知	
教师活动	**学生活动**
第一步：交流古树知识 1. 反馈社会实践情况 教师：课前，同学们到公园、小区、街道观察了古树，还和古树合了影。 用课件展示学生参观古树的照片。 2．古树的相关知识 教师：同学们一定还了解了很多有关古树的知识，下面老师来考考大家。 提问：一般树龄超过多少的树木被称为古树？ 展示古树上的标志照片。 教师：你知道古树上的这些标志代表什么意思吗？ 3．探究古树的特点 提问：回忆我们观察的古树，它们都有哪些特点？ （出示古树图片） 板书："茂密，有枯枝""粗壮""粗糙，有疤痕""发达" 4．古树的故事 展示帝王树的照片。 教师：这是咱们班×××同学上传的古树照片，就让她亲自给大家介绍一下吧！ 该生介绍潭柘寺的"帝王树"，其他学生认真听。 教师："帝王树"是中国十大名树之一，其余的九大名树背后也有很多有趣的故事，希望同学们课后去了解一下，然后讲给大家听。 第二步：探究古树的画法 教师：我们观察了古树，和古树合了影，了解了古树的知识，还听了古树的故事，你们有什么感想吗？	第一步：交流古树知识 1. 观看课件，思考古树的特点。 2．思考树龄超过多少的树木被称为古树，以及古树上的标志代表什么意思。 3．踊跃回答古树的特点，与同桌交流树干、树皮、树根的特点并汇报结果。 4．聆听同学讲古树的故事。 第二步：探究古树的画法 1. 找到树叶的正确画法。

(续表)

教师活动	学生活动
教师：古树经历了成百上千年的风风雨雨，是祖先留给我们的珍贵的绿色遗产，我们应该好好地保护它们。老师提议，今天每人制作一张保护古树的宣传卡，以唤起更多人对古树的爱护之情。 1. 树叶的画法 展示几种树叶的画法，引导学生找到树叶的正确画法。 小结：不同的树木，叶子的生长特点也不同，所以要用不同的线条表现。 2. 树皮的画法 展示几种树皮的画法，并让学生观察油松、白皮松、柏树、银杏树树皮的纹理，思考对应的画法。 请一名学生到黑板上连线。 小结：树皮的纹理不同，所以要用长短、粗细、疏密不同的线条来表现。 3. 枝叶的遮挡关系 展示图片。 教师：这是两个同学画的古树？你觉得哪一幅古树更生动？为什么？ 小结：画古树时除了要注意线条的长短、粗细、疏密，还要注意枝叶的遮挡关系。 **第三步：演示古树的画法** 展示书中古柏树的图片。 教师：如何绘制古树呢？首先要观察并分析古树的生长特点。以一棵古柏树为例，它的主干十分粗壮，主干先分出两个枝干，一个向左，一个向上；向上的枝干又分出两个枝干。 边讲解，边演示：首先，从左侧根部开始，由下而上作画，特别注意要在有遮挡的地方留空；其次，由上到下完成枝干的描绘；再次，绘制叶子，根据叶子的生长特点运用不同的线条来表现；最后，绘制树皮的纹理。	 2. 观察油松、白皮松、柏树、银杏树树皮的纹理，思考对应的画法。 3. 观察并思考后说一说哪一幅古树更生动。 第三步：演示古树的画法 认真听讲。

(续表)

教师活动	学生活动
第四步：欣赏并分析学生作品 　　教师：这是同学们绘制的古树，你最喜欢哪一幅作品？为什么？ 　　引导学生从古树的特点、线条的运用、枝叶的遮挡关系等方面分析作品。	**第四步：欣赏并分析同学的作品** 　　学生从古树的特点、线条的运用、枝叶的遮挡关系等方面分析作品。
设计意图：通过照片引发学生回忆，进一步激发学生思考古树的特点，引导学生感受自然之美，培养学生的观察与归纳能力。通过对比讲解古树的表现方法，突破本课难点，拓宽学生的创作思维，有助于学生充分进行艺术表现。	

环节三：艺术实践

教师活动	学生活动
作业要求：参考古树的照片，用线条绘制一棵古树。注意抓住古树的特点，体现线条的美感。	根据要求选择不同的表现方法进行创作。
设计意图：激励学生进行形式多样的艺术创作，来检验学习效果。	

环节四：展示评价

教师活动	学生活动
选择典型作品，将其展示在屏幕上，组织全班同学对其评价。 　　评价要点： 　　是否体现了古树的特点？ 　　是否运用了丰富的线条？ 　　是否展现了枝叶的遮挡关系？ 　　组织学生进行自我评价，引导学生分享自己画的古树，鼓励他们指出画作中的亮点和成功之处。	先根据评价要点评价他人的作品，再进行自我评价。
设计意图：在作品欣赏中体验创作过程，使学生感受创作成果所带来的快乐，同时提升他们的审美意识和评价能力，并渗透保护自然的教育。	

环节五：拓展与提升

教师活动	学生活动
教师：同学们画的古树都很棒，你想在这张保护古树的宣传卡上写点儿什么？ 　　小结：古树是祖先给我们留下的珍贵的绿色遗产，我们应该好好保护。希望同学们回家后继续完成保护古树宣传卡的制作，并分享给周围的人，号召更多的人一起来保护古树。	自由发言。
设计意图：抒发保护古树的情感，进一步渗透尊重教育中走进自然、探究自然和保护自然的教育。	
板书设计 　　　　　　　　　　画古树 　　　　　　　茂密，有枯枝 　　　　　　　　　粗壮 　　　　　　　粗糙，有疤痕 　　　　　　　　　发达	

六、对尊重教育的体现与反思

（一）对尊重教育的体现

1. 走进自然，发现古树形神之美

我校《尊重进阶主题教育课程方案》中指出：主动走进自然，去感受大地之美，才能够从中获得生命的力量。本课程学习之前，老师与家长合作，让家长带领学生一起走进自然，与古树亲密接触。大部分学生在家长的带领下前往了公园或景点，少数学生选择在家附近的街道或小区进行观察、触摸，用心感受古树的形态特征，并与古树合影。课堂上，通过课件展示学生与古树的合影，照片中的地点包括公园、寺庙、小区等，学生摆了不同的姿势，相同的是学生喜悦的笑脸。学生在与古树的亲密接触中体验到了其形美与神美，发现了古树的自然之美。

2. 激发情感，承担保护古树之责任

我校《尊重进阶主题教育课程方案》中提到，"尊重自然"系列课程的开设旨在激发学生对自然的热爱，使其感激自然对人类的滋养，树立可持续发展的观念，愿意承担保护环境的责任。

通过走进自然了解古树知识、与古树合影、分析古树特点、聆听古树故事，拓展了学生的人文视野，更激发了学生对古树的爱护之情。很多学生在表达感想时表示："古树经历了这么多年，太不容易了，我们要好好保护它。"随后，他们积极响应保护古树并制作宣传卡的倡议，从艺术角度描绘内心的渴望和需求，运用所学技能为古树保护事业贡献力量，并对我们赖以生存的环境的尊重理念付诸实践。

（二）反思与改进

我校《尊重进阶主题教育课程方案》强调：尊重进阶课程的实施应采用有效的教学策略，以学生为主体，教师为主导，并根据学生的兴趣和需求及时调整教学策略。

本次"走进自然"的美术实践活动中，教师给学生发布了一个任务——观察身边的古树。但学生被动接受任务，反馈的信息不够丰富。根据"尊重教育"的办学理念，布置实践活动时首先应从学生的需求出发，了解他们感兴趣的问题；然后结合主题教育，启发学生思考通过何种途径解决问题；最后确定若干个开放项目，由学生自主选择并进行实践体验，例如增加探访专家、参观博物馆等活动。相信通过这一改进策略，会进一步落实学生实践活动的主体地位，让学生由被动变为主动，从而提高其学习效果和教师的教学效果。

（本案例由刘振华老师提供）

第三节　小学英语尊重进阶课程

——《The Miracle of Life》

《义务教育英语课程标准（2022年版）》强调语言学习要关注语言背后所承载的与立德树人直接相关的主题、跨文化知识，以及其背后所隐含的态度和价值观。将语言学习的目的明确定位于能在特定情境中理解和表达意义、情感态度和价值观，发展终身学习必备的关键能力。我们围绕外研版英语三年级下册第四模块中的语篇，结合新课标中育人为本、教学评一体化及现代信息技术辅助英语学习等要求进行了设计，以"生命的奇迹"为主题，让学生走进自然，掌握用英语介绍采摘计划的语言知识和技能，培养学生的归纳总结和小组合作等能力。同时让学生了解植物的一生，知晓植物需要经历的风雨，感受果实的来之不易。本节课结合我校《尊重进阶主题教育课程方案》中的主题设计，在"人与自然"的主题语境下，引导学生逐步增强可持续发展的意识和观念。

一、课程背景分析

（一）理论背景

本节课以《义务教育英语课程标准（2022年版）》中的"人与自然"为主题，围绕"采摘计划"展开。在语篇中引导学生总结英文数字13~19的规律，培养其归纳总结的能力；通过读写结合，引导学生制订个人采摘计划；让学生在交流中分享自己最喜欢的水果，了解从种子到果实的过程，感受生命的强大，从而培养学生尊重和敬畏生命的意识。

（二）内容分析

本单元选自《外研版（一起点）》第6册Module 4 Unit 2。本节课的主要目标是说明将来的活动并能够谈论物品的数量，本节课围绕"The Miracle of Life"这一主题进行展开，涉及两个对话语篇。

语篇一是家人的日常对话。Amy和Sam周末要去果园采摘水果，两个小孩就采摘数量发生争执，都想做最能干的小孩。

语篇二也是家人的日常对话。Amy和Sam在果园兴致勃勃地数桃子。该语篇拓展和延伸了生命主题，将对话从室内转到了室外，从认识水果、计划采摘，到了解从种子到果实的过程，引导学生感受生命的力量，从而学会尊重生命。

我们还增加了复习课，进一步深化人与自然关系的教育，即我们要保护自然，让生态系统保持动态平衡，实现可持续发展。

（三）学情分析

1. 语言（能力）基础

纵观整套教材，学生已经掌握英文数字 1~12 和简单水果的英文名称，会用"be going to"结构来谈论将来的计划，而本单元将继续深入介绍英文数字 13~19，让学生用"will"来谈论将要进行的活动，并尝试制订合理的采摘计划。

2. 学习能力

小学三年级的学生已经具备了一定的逻辑思维和合作能力，因此，在课堂中多采用小组合作、抽卡问答等游戏手段，能够激发学生的兴趣，拓展学生的思维，帮助学生在英语学习中树立正确的价值观。

二、课程目标与重难点

（一）课程目标

1. 在看、听、说的活动中，获取、梳理对话中 Sam 和 Amy 到底数了多少个桃子；能初步了解从种子到果实的生长过程，学会尊重、敬畏自然和生命（学习理解）；

2. 在教师的帮助下，能通过看图表对图中的物品数量进行问答，并在数字抽卡游戏中准确运用数字；能进行分角色表演对话（水平较高的学生可以尝试根据关键词转述主对话）（应用实践）；

3. 根据提示，综合运用所学语言制订自己的采摘计划，包括但不限于采摘时间、采摘数量、参与者等（迁移创新）。

（二）重难点

1. 重点：能理解、听懂、会说单词 feel, afraid, all right, thirteen, fifteen 等；能听懂并运用"Let's count them." "I'm afraid we can't..."等句子进行交际。能运用 will 表示将来的活动，并熟练谈论所制订的采摘计划。

2. 难点：能找到 13~19 这几个数字的英文规律并总结，能初步了解从种子到果实的一生，学会尊重、敬畏自然和生命。

三、课程内容设计

（一）课程规划方案

本节课的活动地点为教室，占 1 课时。课前，教师需做好以下准备：课件、数字卡片、任务单、视频、奖励贴纸。

1. 教学方法

（1）制作课件，通过图片、动画等帮助学生更直观地学习生词和句型。

（2）制作学习任务单，让学生在参与中学习，留下学习痕迹。

（3）制作数字卡片，让学生在游戏中更好地练习英文数字的表达，复习旧知并巩固新知。

（4）以数字为时间轴，讲述从种子到果实的过程，让学生感知生命的坚强，从而理解尊重生命的重要性。

（5）课程最后以"picking plan"回归课本内容，要求学生用所学的将来时态及相关词汇、句型制订属于自己的采摘计划，从而实现知识的迁移创新与输出表达。

2. 教学环节

本节课采用探究式课堂教学模式，教学流程如下：

创设情境→启发思考→自主（或小组）探究→协作交流→总结提高

（二）课程内容框架

课程内容框架如图8.3所示。

```
The Miracle of Life
├── Warm up and lead in
│       └── Activity:
│           a. What should we do before we eat the fruit?
│           b. Why do we need wash it clean?
├── Presentation
│       ├── Activity 1:
│       │   a. What place is it?
│       │   b. Why?
│       ├── Activity 2: What fruit will they pick?
│       └── Activity 3:
│           a. What are Amy and Sam doing?
│           b. How many peaches are there on the trees?
├── Practice
│       ├── Activity 1: Can you read and act?
│       └── Activity 2: Can you count?
├── Production
│       ├── Activity 1: Make a picking plan
│       └── Activity 2:
│           a. Do you like fruit?
│           b. Where do they come from?
│           c. How do they grow up?
└── Summary
        └── Activity:
            a. What have you learnt?
            b. Which group is the winner?
```

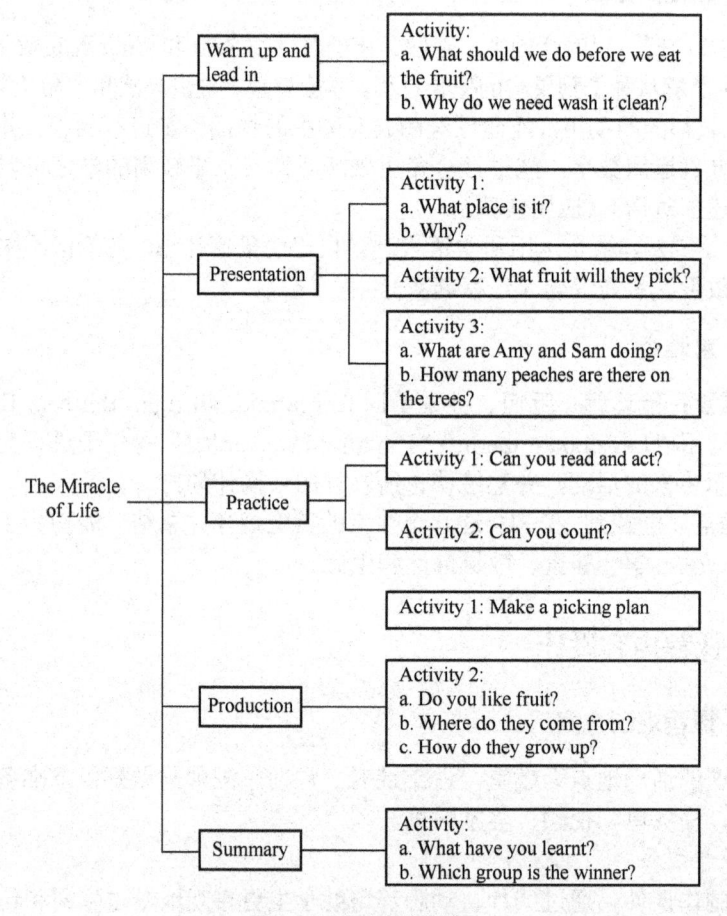

图 8.3 课程内容框架

四、教学过程

环节一：Warm up and lead in	
教师活动	学生活动

Activity1：Greeting
Activity2：Have the fruit chant
Question:
a. What should we do before we eat the fruit?
b. Why do we need to wash it clean?
c. Also, we need…(做洗手动作) before eating anything.
 	
Let's chant.
11 Eleven, twelve and thirteen.
12 Pick the fruit
13 and wash it clean.
	Ss: Listen and chant.
	    Read the new words.
	
	Ss: Wash it clean.
	    Keep healthy.
	    Wash our hands clean.

设计意图：初步学习有关 13～19 的英文数字，借机对学生进行健康教育。	
环节二：Presentation	
Activity 1: Show the picture and predict Question: a. What place is it? b. Why? a fruit farm Let's pick some fruits. **Activity 2: Vision game** Question: What fruit will they pick? **Activity 3: Learn the dialogue** Question: a. What are Amy and Sam doing? b. How many peaches are there on the trees? 播放课文中的动画，讲解课文。 讲解重点数字的英文发音规律。 让学生学习并理解重点词 feel 和 afraid。	观察图片，而后作答。 Ss: A fruit farm. Because there are lots of fruit trees here. Ss: Oranges! / Tangerine! Ss: Apples! Ss: Bananas! Ss: Watermelon! 观看视频，回答问题。 Ss: Counting peaches. S1: I don't know.

(续表)

教师活动	学生活动
	S2: Maybe 23. 完成学习单 Task1。 Look and find three / thirteen four / fourteen five / fifteen six / sixteen seven / seventeen eight / eighteen nine / nineteen
设计意图：创设情境，引出 Amy 和 Sam 要去果园采摘的大背景；通过水果闪卡复习词汇；通过探究问题，加深学生的理解，层层递进。	
环节三：Practice	
Activity1: Read and act 1．通过课件展示课文中的图片和录音，播放课文录音。 2．让学生分角色朗读课文。 3．展示课文。 **Activity2: I can count** 1. Count, ask and answer Q: How many pens? 2. Addition Game. 讲解抽卡规则，并请学生示范。	跟随录音朗读课文，注意语音语调。 在小组内分角色朗读课文。 根据提示复述课文。 Ss: Fourteen pens. 两人一组，抽取数字卡片，计算相加结果并用英文说出。
设计意图：通过多种形式的朗读，对文本句型进行巩固练习，提升学生的口语水平，引导学生在趣味数学的学习中巩固英文数字。	
环节四：Production	
Activity 1: Make a picking plan What fruit will you pick? How many? When? With who? Will you have a picnic outside? …… **Activity 2: The miracle of life** 1．Ask and answer Question： Do you like fruit? Where do they come from?	根据提示，制订自己的采摘计划。 ➢ Work 3 **My picking plan** On _____, we'll go to the fruit farm with _____. We'll pick _____, _____ and _____. I'll pick _____. Then we will have a _____ there. We'll have a funny day!

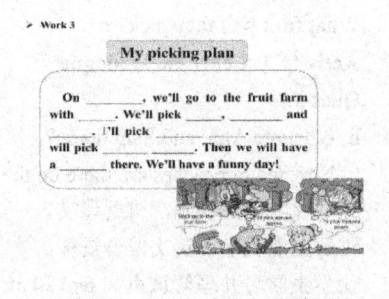

Q: What seed is it? 摇晃带种子的小盒子，让学生摸一摸，并猜一猜盒子里面是什么种子。 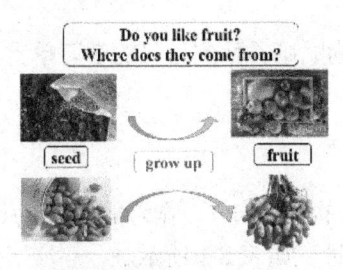 Do you like fruit? Where does they come from? seed → grow up → fruit 2. Watch the video 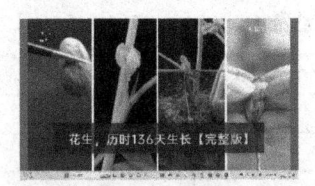 花生，历时136天生长【完整版】 3. Talk it together 师：种子通过努力结出果实，而果实又会变成种子，开启新一轮的旅行。人其实也像一颗种子，经历风雨，慢慢长大，也是生命的奇迹。 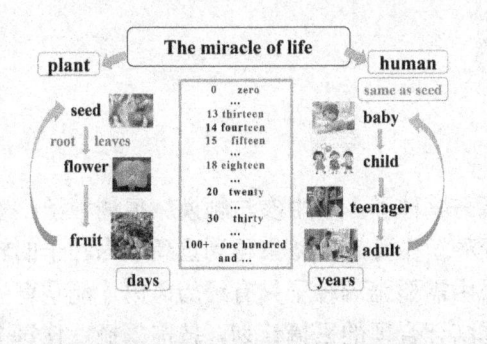 The miracle of life plant — seed — root/leaves — flower — fruit — days human — same as seed — baby — child — teenager — adult — years 0 zero ... 13 thirteen 14 fourteen 15 fifteen 18 eighteen 20 twenty 30 thirty 100+ one hundred and ...	Ss: Yes, I like. Ss: From the seed. Touch and guess. S1: I don't know. S2: Maybe a peach. S3: I think it's watermelon's seed. S4: Peanuts! 观看花生的一生：从种子到开花、结果，最后其果实作为种子再次被种进土壤。 完成学习单 Task2，梳理种子的一生。 完成学习单 human part。 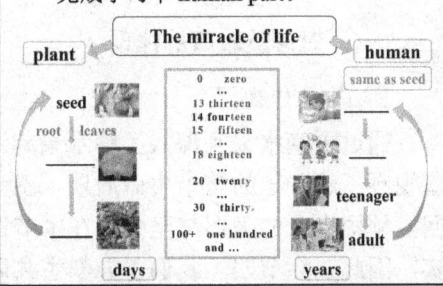 The miracle of life plant — seed — root/leaves — teenager — adult human — same as seed — days — years 0 zero ... 13 thirteen 14 fourteen 15 fifteen 18 eighteen 20 twenty 30 thirty 100+ one hundred and ...
设计意图：通过摸一摸，猜种子，调动学生的兴趣；通过观看视频，让学生感受到生命很脆弱，也很强大，值得我们去敬畏，去尊重。	
环节五：Summary	
T: Today, we have learnt how to count things, the origin of fruit, and the whole life of seed, the miracle of life. T: Which group is the winner?	Summarize together. 利用板书，复习本课重点知识。
设计意图：带领学生总结本课所学内容；依据评价机制，总结小组排名，并表扬优胜小组。	
活动成果：采摘计划。	

五、活动评价

（一）课上评价

1. 教师通过语言、动作、表情等鼓励学生。
2. 学生回答问题后，就可以得到一张植物贴画，贴到自己的学习单上，为下节课探讨生态可持续发展作铺垫。

（二）课下评价

1. 教师评价：在日常记录表中给主动发言的学生加分，作为学生的平时成绩。
2. 学生评价：完成评价量表。学生评价量表如表 8.1 所示。

表 8.1　学生评价量表

学 习 效 果	not bad	good	super
我能正确理解所学对话的含义。			
我能有感情地流利地朗读所学对话。			
我能在小组合作中积极交流，巩固所学句型。			
我能了解从种子到果实的生命过程。			
我能制订自己的采摘计划并向老师和同学们介绍。			

六、对尊重教育的体现与反思

（一）对尊重教育的体现

1. 尊重自然

通过采摘水果到深入了解水果起源——种子，学生参与触摸、猜测种子；观看视频了解种子的整个生命周期，感受种子由开花到结果再到重新成为种子的轮回，领悟生命的脆弱与坚强。在本节课中需要强调种子只有经历风雨才能孕育果实，因此在环节四，我们引导学生共同制订合理的采摘计划，按需采摘，使每个来之不易的果实都能发挥其最大作用。

2. 尊重生命

每个人都如同一颗种子，在成长中经历风雨和彩虹，努力绽放属于自己的花朵，结出独一无二的果实。本节课以"The Miracle of Life"为主题，通过巧妙设计问题链、重构课程内容，总结英文数字 13~19 的规律，培养学生的归纳总结能力。学生制订采摘计划，同学之间交流喜欢的水果，了解从种子到果实的成长过程，感受大自然中生命力的强大，深化对自然的认识，埋下热爱自然、尊重生命的种子，从而助力其逐渐形成尊重和敬畏生命的观念。

（二）反思与改进

1. 主题大观念与语言大观念协同发展

教师结合"The Miracle of Life"的具体课例，提炼出了单元的核心主题观念和语言学习观念，并通过重新编排和分类单元内的各语篇内容，提炼出各个细化的主题子观念和语言子观念。教师以模块为整体单位设计了一系列教学活动，旨在促进学生语言能力的发展，让学生在有意义的主题情境下习得语言，深入感受语言的文化内涵，进而培养学生的英语学科核心素养。

2. 简化语言，搭建支架，助力学生内化语言

本课从开篇 chant 摘水果，到跟着 Amy 和 Sam 在果园数桃子，并基于语言支架，制订自己的采摘计划，最后聊水果的起源——种子，摸种子、猜种子，观看视频，了解种子的一生，帮学生实现对语言知识的输出和运用，整个过程由易到难，层层递进，为学生提供了充足的语言支架，助力学生在尊重自然的主题情境中内化语言知识。

3. 前测不足，对学情掌握不够充分

为了发展学生的素养，教师对模块进行了整体教学设计，既包括本课的重难点，又涵盖育人内容。由于课程内容对于本班学生来说过于简单，所以分配了更多的时间给价值层面的内容。以后要加强前测，在进一步了解学生认知基础的情况下适当进行拓展或缩减，合理分配知识层面和价值层面的时间，让整堂课紧而不密、活而不散。

4. 课堂评价形式不够多样化

教学设计践行了英语学习活动观要求下的教学设计流程，秉承了英语学习活动观的教学理念，将"教—学—评"一体化贯穿模块整体教学设计，最终指向学生的素养发展。本节课的评价形式可以更加多样化，除了传统的师评和自评，还可以增加过程性评价，如男女 PK 赛或者小组 PK 赛，随堂记录学生的表现，并及时反馈，这样更加利于目标的达成。

（本案例由方侠、王倩、崔丽欣和曹天天老师提供）

第四节　初中地理尊重进阶课程

——《南庭新苑南区垃圾分类现状及改进建议》

基于尊重进阶课程中尊重自然的维度，以及尊重自然维度中的"走进自然""探究自然"和"保护自然"的要求，结合八年级学生的特点及八年级下学期中"我心中的绿色社区"主题，教师选择了"南庭新苑南区垃圾分类现状及改进建议"这一课程主题。通过让学生调查南庭新苑南区的垃圾分类现状，引导学生提出合理的改进建议，为小区垃圾分类工作的不断完善贡献一份力量。本节课旨在结合学生的兴趣和社会实际，为推进丰台区"创建国家卫生城市"活动的实施提供智慧和力量。

一、课程背景分析

（一）理论背景

《义务教育地理课程标准（2022年版）》指出地理课程目标要围绕"人地协调观、综合思维、区域认知、地理实践力"四个核心素养展开教学，并在"认识家乡"模块提出"举例说明家乡环境及生产发展给当地居民生活带来的影响和变化，并尝试用绿色发展理念，对家乡的发展规划提出合理建议，增强热爱家乡、建设家乡的意识"。这就要求学生将地理知识迁移应用于项目探究过程中，利用所学知识解决生活中的实际问题。

地理环境是一个整体，地理环境的五大要素间存在着整体性关系，互相影响。垃圾通过地表将有害物质渗透进土壤，继而影响到地下水水质，再通过水循环进入海洋。此外，垃圾在腐蚀过程中也会释放有害气体，污染空气，进一步危害人类。因此如何将垃圾更好分类、更好处理是迫在眉睫的问题。虽然这已经被提倡多年，但在教师与学生的交流过程中发现，学生所处小区仍存在垃圾分类不彻底、居民垃圾分类意识薄弱等问题，这会进一步导致生态环境的恶化。因此，本课程围绕"如何优化南庭新苑南区垃圾分类现状"的核心问题，引导学生实地调查南庭新苑南区垃圾分类现状，并通过提出合理化建议为小区垃圾分类的不断完善贡献一份力量。这样一方面能提升学生综合思维、区域认知和地理实践力的地理核心素养，另一方面有助于引导学生成为具有生态文明理念的时代新人，以期推进丰台区"创建国家卫生城市"活动的顺利实施。

（二）内容分析

本课程所对应的是中图版初中地理七年级上册"自然资源概况"中的相关内容，我们对课程内容进行了扩充，将其与生活中的垃圾分类现象相结合，一方面让学生了解我国的自然资源概况及保护措施，为后续学习土地资源、水资源、农业、工业等知识奠定基础；另一方面让学生将所学知识运用于生活，培养学生的地理思维综合能力等核心素养。

(三)学情分析

本课程的教学对象是我校七年级下学期的学生,学生具有感性思维活跃、喜欢表现的特征,但其课堂学习习惯欠佳、学习基础较薄弱,理性逻辑思维能力不足。学生经过半年时间的地理学习,已经掌握了一定的地理学习方法,具备了一定的地理学习能力,而且垃圾分类在校园、小区、新闻媒体中都能经常见到,学生对此非常熟悉。但学生第一次利用地理方法设计问卷,进行系统的社会调查,在设计问卷、现场调查、绘制环境地图时可能会存在一定的困难,因此,需要在设计课程时关注个体差异,例如将层次不同、性格不同的学生分在同一个小组;在课程实施时将核心问题分解成几个小问题,从而调动学生学习积极性,激发其探究问题的内驱力;同时,依据驱动问题设置学习目标,以体现学生能力与素养发展的进阶性。

二、课程目标与重难点

(一)课程目标

1. 能够说出北京市垃圾分类的方法;能够通过查阅资料了解北京市实施垃圾分类的背景,知道垃圾分类的必要性,认识到地球资源的有限性、生态环境的脆弱性。

2. 能够通过查阅资料、小组讨论等方式设计出南庭新苑南区垃圾分类现状调查问卷;通过实地调查、访谈等方式收集小区居民垃圾分类情况;能够结合数据、实地调查结果分析南庭新苑南区垃圾分类现状及问题;学会针对存在的问题提出合理化建议;学会利用地理三要素,配合文字、图表等形式完成环境地图的绘制。

3. 通过开展项目式学习,提升合作交流能力;形成保护环境的观念,增进热爱家乡的情感,树立人地协调和绿色发展的观念。

(二)重难点

1. 重点:通过实地调查、访谈等方式收集小区居民垃圾分类情况,并依据存在的问题提出合理化的解决方案。

2. 难点:在开展实地调查、发现问题和提出问题解决方案的过程中,形成保护环境的观念,增进热爱家乡的情感,树立人地协调和绿色发展的观念。

三、课程内容设计

(一)课程规划方案

本课程包含三个阶段。首先是实践前的导引课,内容包括向学生介绍主题的背景、步骤和方法,展示并交流由学生自主设计的调查问卷,为实地调查打下基础，培养学生的合作交流能力和地理综合思维能力。其次是实地调查阶段，要求学生以小组为单位，利用访谈和问卷调查的方法对南庭新苑南区居民和社区工作人员进行调查，了解小区垃圾分类的现状，并在调查中尝试绘制草图，以提升学生的地理实践技能，并使其形成人地协调观。最后是实践后的结果分析、成果展示与交流环节，学生需要制作环境地图，展示并分享调查成果和解决方案，以此提高他们的读图能力和识图能力，培养综合思维能力。

（二）课程内容框架

课程内容框架如图8.4所示。

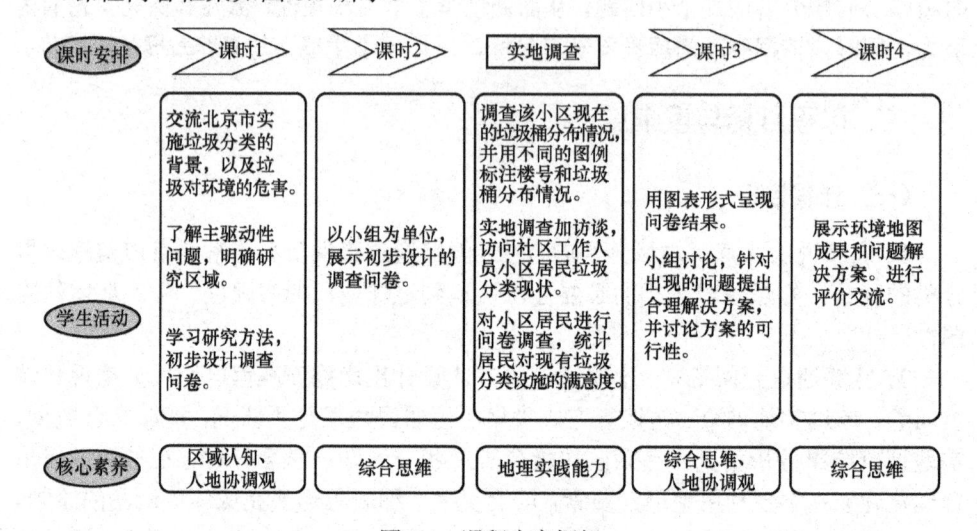

课时安排	课时1	课时2	实地调查	课时3	课时4
学生活动	交流北京市实施垃圾分类的背景，以及垃圾对环境的危害。了解主驱动性问题，明确研究区域。学习研究方法，初步设计调查问卷。	以小组为单位，展示初步设计的调查问卷。	调查该小区现在的垃圾桶分布情况，并用不同的图例标注楼号和垃圾桶分布情况。实地调查加访谈，访问社区工作人员小区居民垃圾分类现状。对小区居民进行问卷调查，统计居民对现有垃圾分类设施的满意度。	用图表形式呈现问卷结果。小组讨论，针对出现的问题提出合理解决方案，并讨论方案的可行性。	展示环境地图成果和问题解决方案。进行评价交流。
核心素养	区域认知、人地协调观	综合思维	地理实践能力	综合思维、人地协调观	综合思维

图 8.4 课程内容框架

四、"实地调查"教学过程

教学环节	教师活动	学生活动
实地调查	组织活动有序进行。 对学生的实地调查进行指导并拍照记录。	1. 分小组开展以下活动：调查并记录小区内垃圾桶的分布情况。 2. 进行问卷调查和访谈，统计小区居民对现有垃圾分类设施的满意度。 进行访谈，与社区工作人员交流，了解小区居民垃圾分类存在的问题，以及是否实施奖罚措施。
小结	总结本次实地调查中存在的问题。	发表实地调查的感想。
设计意图	通过实地调查，提高学生的合作与交流能力，培养学生与社会群体沟通的能力，提升地理实践能力。增进学生保护环境的意识、热爱家乡的情感，让学生树立人地协调和绿色发展的观念，并提升学生的地理实践能力。	

五、作业设计

本课程实施时间较长，所需课时较多，因此每个课时会设置相应的作业。

1. 课时 1 课后作业：小组合作，设计调查方案和调查问卷。
2. 课时 2 课后作业：查阅天气，准备实地调查所需要的设备和资料，并进行小组分工。
3. 课时 3 课后作业：整理调查结果和数据，尝试将调查结果和数据转换成图表格式，并简单撰写调查报告，针对存在的问题提出合理建议或解决问题的方案。
4. 课时 4 课后作业：绘制环境地图。

六、课程评价

（一）课程成果

学生绘制的南庭新苑南区垃圾分类现状环境地图，以及解决本小区垃圾分类问题的方案。

（二）课程评价

学习主题		组别		姓名			
评价指标	评价内容	评价要点	自评	互评	师评	总评
参与过程	查找资料	能主动运用多种途径查找垃圾分类的相关资料。				
	实地调查	能积极参与问卷设计过程。				
		能与同学合作，完成垃圾分类的访谈工作。				
	数据整理	能用图表展示调查结果。				
		能根据调查数据提出切实可行的建议或方案。				
成果展示	环境地图绘制	环境地图内容全面、正确。				
		环境地图绘制富有创意。				
	环境地图和问题解决方案展示	能详细介绍环境地图和问题解决方案的内容。				

七、对尊重教育的体现及反思

（一）对尊重教育的体现

本课程的设计与实施全程贯彻了尊重学生的教学理念。首先，选题是基于现实中的自然环境问题，结合学生的兴趣而确定的。其次，主次驱动问题的设置由学生自主进行头脑风暴完成。再次，主题的实施环节中，从资料收集、调查方案设计、调查问卷设计到实地调查，都由学生以小组为单位逐步完成。最后，学生提出了对调查区域环境优化的合理、可行的建议和解决方案。整个课程在尊重自然的前提下，引导学生迈向走进自然、探究自然和保护自然的进阶过程，也实现了从简单知识学习到核心素养培养的递进过程。

（二）反思与改进

本课程颠覆了传统的课堂教学模式，引导学生走出课堂，走入生活。在实施过程中，我以尊重学生的认知特点和发展规律为前提，首先，引导学生走进自然，激发其自主挖掘身边自然环境中的地理问题的能力；然后，引导学生探究自然，以小组合作为主要方式，让他们自主设计调查问卷和访谈提纲，并展开实地调查，深刻理解地理环境"牵一发而动全身"的思想；最后，引导学习基于调查结果为调查区域提出合理、可行的建议和问题解决方案，使学生具备保护自然和尊重自然的能力，树立人地协调观。

尊重进阶课程的实施更注重培养学生的自主探究能力和开放性思维，以小组合作为主要方式的教学不仅提高了学生对地理学习的参与度和学习兴趣，还培养了学生在小组合作中尊重同学的态度。然而，由于是首次实施实践类课程，学生在自主设计问卷等方面还存在不规范的问题。为此，老师可进行规范性的演示，并引导学生将信息技术与传统问卷相结合，以培养学生制定规范调查问卷的能力。

（本案例由马慧和陈旭老师提供）

第五节　初中英语尊重进阶课程

——《Endangered animals in the zoo》

依据尊重进阶课程尊重自然的维度和尊重自然维度中走进自然、探究自然和保护自然的进阶要求，结合七年级学生的特点，教师选择了"Endangered animals in the zoo"这一主题，通过这一主题的学习，学生将深刻体会到濒危动物的艰难处境和保护野生动物的紧迫性，从而引导学生加强对自然与环境的保护意识，加深对特定地区生态特征的了解，增进对濒危动物的热爱及保护之情，并付诸实际行动。

一、课程背景分析

（一）理论背景

《义务教育英语课程标准（2022年版）》倡导以主题为引领，以语篇为依托，通过学习理解、应用实践、迁移创新等活动，引导学生整合性地学习语言知识和文化知识，进而运用所学知识围绕主题表达个人观点和态度，达到在教学中培养学生核心素养的目的。教师围绕外研版英语七年级上册第六模块中的语篇，结合新课标中育人为本、"教—学—评"一体化及现代信息技术辅助英语学习等要求进行设计，让学生掌握用英语介绍濒危动物的技能，培养学生总结归纳的习惯和小组合作、信息科技辅助学习等能力，同时，让学生在制作海报和讲述濒危动物故事的过程中，体会濒危动物的艰难处境和保护野生动物的紧迫性。

开展"以主题为主线，整体设计的教学活动"有利于学生接触、体验、感知、学习和运用语言，也有助于学生用英语进行真实的交流和实际的表达。英语学习活动观强调教师应指导学生围绕主题获取、梳理、概括、整合基本的事实性信息，指导学生借助可视化图形整理结构化知识，继而开展多层次的实践活动，内化所学知识。在此基础上，通过问题链设计活动，引导学生加深对主题的认知。

本课程处于七年级上学期，在小初衔接阶段，易于调动学生对新、旧知识的串联与架构。本节课也符合《义务教育英语课程标准（2022年版）》中包含的"人与自然"主题。

（二）内容分析

本节课的主题属于外研版七年级上册第六模块"A trip to the zoo"，包含三个单元。涉及的具体内容是动物的习性、分布地及外貌。通过本模块的学习，学生不仅能对常见的动物有基本了解，还能了解如何介绍动物，例如：介绍动物时应包含的信息和介绍动物时可以使用的语句和句式。除此之外，文中动物的介绍部分包含两种保护动物：熊猫和虎，其中介绍熊猫的段落中还特意强调了熊猫仅存的数量，这能引发学生对濒危动物的思考，提高学生保护濒危动物的意识。

（三）学情分析

1. 话题认知程度

学生在小学阶段已经接触过动物及其习性的话题，学生已经具备一定的英文表达能力。此外，很多学生还参观过动物园，因此对于动物园导游和动物标识牌等也有一定的了解。

2. 语言（能力）基础

授课班级学生的语言能力一般，但已基本掌握简单的听说与阅读能力，具备一定的口语和写作能力，能够仿照对话中的关键句型进行口语表达，并能模仿课文进行创作。而且在小学六年级上学期，学生已经学到了一些与动物和动物习性相关的表达，同时了解了用一般现在时介绍动物的方法。

另外，大多数学生对动物缺乏全面的认识，缺少阅读动物主题文段的经验，不能系统、明确地了解介绍动物时应包含的内容、使用的语块、句型和语法。在本模块中，学生不仅能通过归纳和对比几个文段来明确介绍一种动物时应介绍哪些内容，还能更系统地展示介绍一种动物的两种方式。同时，通过问答和写作，学生能更深入地了解动物，体会到动物与人类命运息息相关，培养保护动物和保护自然的意识。

3. 学习能力

学生的学习能力尚可，大部分学生能够根据教师提供的框架图、表格等参与听、说、读、写、看等各项教学活动。在小组活动中，学生能够相互学习，自主进行任务分工，合作完成教师布置的任务。此外，学生还具备一定的学习能力和信息技术水平，能够熟练运用工具书和网络资源辅助自己的学习。

二、课程目标与重难点

（一）课程目标

1. 能够使用网络查询与动物相关的信息，并借助工具书或在线词典等工具对查询到的信息进行翻译和加工，增加海报的内容。

2. 通过做任务，感受保护濒危动物的重要性，能以小组合作的形式为濒危动物制作海报，口头介绍并回答他人提出的有关该动物的问题。

（二）重难点

1. 重点：能使用多种网络资源获取信息并借助工具书等对信息进行加工。

2. 难点：能与同伴对学习内容进行讨论和分享，并积极与他人分工合作，完成制作海报的任务，在这一过程中，感受保护濒危动物的紧迫性，增强保护意识并付诸行动。

三、课程内容设计

（一）课程规划方案

本课程的活动地点为教室，需要1课时。课前，教师需准备以下材料：A4纸若干，彩笔，胶棒，剪刀，磁铁。

本节课采用项目式学习（PBL）模式。通过 PBL，让学生主动探索现实世界的问题,在这个过程中对知识的理解更深刻,并提升相关技能。

主题为 Endangered animals in the zoo,课时为第 1 课时,课型是实践课。

(二)课程内容结构

课程内容结构如表 8.2 所示。

表 8.2 课程内容结构

输入与感知 学生通过听力和阅读的输入,初步感知动物类的介绍性说明文。	课时一	**课时任务** 任务一:听对话,获取动物相关的信息,并将获得的信息整合成表格。 任务二:阅读文章,获取动物相关的信息,并用获得的信息继续完善表格。 **课时目标** 能够通过听和读,获取与动物相关的细节信息,并将得到的信息进行归纳和整理。
扩展与实践 学生通过拓展更全面地了解介绍动物的方法,并进行实践。	课时二	**课时任务** 任务一:阅读扩展文章,依托课时一中的表格梳理信息并完善表格。 任务二:阅读课文及扩展文章,归纳和总结介绍动物时要包含的方面及使用的词汇和句式。 任务三:小组内介绍动物,使用归纳和总结出来的句式对查到的资料进行介绍。 **课时目标** 1. 能够通过对比多篇动物类的介绍性说明文概括出该类说明文的文章结构及所使用的语言。 2. 能够正确使用涉及的语法知识和句式对动物相关的信息进行介绍。
	课时三	**课时任务** 任务一:小组成员扮演导游介绍一个动物园中的常见动物,其他学生扮演游客进行提问。 任务二:阅读一篇扩展文章,获取信息并总结,除基本信息外,介绍濒危动物时还应包含哪些方面的信息。 **课时目标** 1. 能够正确使用涉及的语法知识和句式对常见动物进行介绍和提问。 2. 获取濒危动物的细节信息,并概括出介绍濒危动物时应使用的文章结构和语言。
迁移与创新 学生将内化的知识与技能进行迁移,增强保护濒危动物的意识。	课时四	**课时任务** 任务一:组内分享课后查阅的本组选择的濒危动物资料。 任务二:小组合作为该濒危动物制作一张介绍性的海报。 **课时目标** 1. 能够使用多种网络资源获取信息并借助工具书等对信息进行加工。 2. 能够与同伴对学习内容进行讨论和分享,并积极与他人分工合作,完成任务。
	课时五	**课时任务** 向大家展示本组的海报,扮演导游对所选的濒危动物进行介绍,并回答由同学们所扮演的游客提出的问题。 **课时目标** 1. 能够正确使用语言知识对濒危动物进行介绍和提问。 2. 能够积极参与小组合作,合理分配并顺利完成任务。 3. 能够了解保护濒危动物的方法,并感受保护濒危动物的重要性。

四、教学过程

本书仅展示课程四中的任务二：小组合作为该濒危动物制作一张介绍性的海报。

教学环节	教师活动	学生活动	设计意图
环节一	教师提供有关"保护濒危动物"的语言知识框架图，指导学生自主建构、扩充、完善语言内容。	基于语言知识框架图，将所学语言进行梳理、加工及归纳。	尊重学生的主题学习规律，归纳、汇总语言信息。
环节二	指导学生以小组为单位，设计海报的主要版面。	明确小组分工（组长、汇报者、绘图者、语言创作者），讨论并设计海报版面。	尊重学生的个体差异，引导学生开展小组互助活动，明确话题内容。
环节三	指导学生借助话题语篇，书写"濒危动物"的介绍。	围绕主题，运用所学语言知识，书写语篇。	尊重学生创作的独特性，鼓励学生自主进行语言输出。
环节四	指导学生借助书籍、杂志、在线资源开展主题拓展，扩充对"濒危动物"的信息与知识。	借助线下、线上的学习资源，围绕主题进行有效拓展。	尊重学生的语言学习与体验环境，借助多媒体资源加强学生对话题的持续关注。
环节五	指导学生开展小组创作，制作"保护濒危动物"的海报。	小组分工明确，开展海报制作。	尊重学生的合作意向，让学生发挥各自的优势，开展实践。
环节六	指导学生参照评价量表，进行口头分享，继而完善海报。	学习评价方法，口头分享，完善海报。	尊重学生的评价主体与观点倾向，引导学生反思、提升。
活动成果	濒危动物的介绍海报。		

五、课程评价

课程评价量表如表 8.3 所示。

表 8.3　课程评价量表

小组成果评价量表				
评价项目		评价标准		
小组合作		A：小组每位同学都有明确的分工，且每位同学任务量平均、合理。	B：小组没有明确的分工，但每位同学都完成了一定量的任务，任务量不太平均。	C：小组分工混乱，有的同学身兼多职，有的同学没有参与，任务量非常不平均。
海报制作	配图美观度	A：配图准确描绘了该动物的特征，使用了恰当的色彩进行描绘。	B：配图基本描绘了该动物的特征，大部分色彩的使用是恰当的。	C：配图没能描绘出动物的特征，色彩的使用不恰当。

(续表)

小组成果评价量表				
评价项目		评价标准		
海报制作	文字准确度	A：使用语言准确，句式丰富，无语法错误，文字整洁、工整。	B：大部分语言准确，句式不太丰富，有零星语法错误，文字较为整洁、工整。	C：大部分语言不准确，句式单一，有较多语法错误，文字凌乱。
	内容丰富度	A：内容全面涵盖了濒危动物保护的各个方面，且在某些方面做了适当扩展。	B：内容有缺失但基本涵盖了濒危动物保护的重要方面。	C：濒危动物保护的重要方面缺失。
	海报整洁度	A：海报中没有与主题无关的文字、图片，图片与文字比例得当，基本没有涂改痕迹。	B：海报中有较少与主题无关的文字、图片，图片与文字比例基本得当，有明显涂改痕迹。	C：海报中有大量与主题无关的文字、图片，图片与文字比例不得当，有较多涂改痕迹。
介绍展示与问答	声音	A：声音洪亮，语速适中，能根据内容适当调整语调，做到抑扬顿挫。	B：声音不够洪亮，语速偏快或偏慢，语调整体平缓，没有抑扬顿挫。	C：声音微小，语速过快或过慢，听不清楚，语调平缓，没有语调变化。
	仪态	A：从容、不紧张，与观众有适当的眼神交流，用恰当的肢体语言辅助表达。	B：略微紧张但不影响整体介绍，与观众有眼神交流，有不太恰当的肢体语言。	C：非常紧张且影响整体介绍，全程低头读稿，与观众毫无眼神交流，无肢体语言或很不恰当。
	语言	A：语言准确，无语法错误，吐字清晰，无明显发音错误。	B：语言基本准确，有零星语法错误，吐字不太清晰但不影响听力理解，有较少单词发音错误。	C：语言不准确，有大量语法错误，吐字不清晰，影响听众理解，有很多发音错误。
	问答	A：能准确理解游客的问题并做出准确的回答。	B：能基本理解游客的问题，但回答不准确。	C：错误地理解游客的问题，给出错误的回答。

六、对尊重教育的体现与反思

（一）对尊重教育的体现

本课程除了能够综合提升学生听、说、读、写、看等各方面的能力，还能够培养学生的概括能力，以及小组合作等综合能力。在我校《尊重进阶主题教育课程方案》的指导下，本课程具有以下特点：

1.尊重学生的主题学习规律，引导他们归纳、汇总语言信息。尊重学生的个体差异，促使学生通过互助活动，明确话题内容。鼓励学生发挥创造力，自主进行语言输出。结合学生的语言学习与环境体验，充分利用多媒体资源加强学生对话题的持续关注。同时，尊重学生的合作意向，允许学生充分运用各自的优势展开实践，并引导学生在评价中形成独立观点，通过反思进行提升。

2. 在学习过程中，进行了过程性评价，促使学生逐步发展多方面能力，真正体现了尊重育人理念的实践性指导作用。

3. 学生在本课程的实践中不仅提升了各项语言能力，而且了解了濒危动物的现状及保护濒危动物的重要性，激发了学生对濒危动物深入探究的兴趣。通过活动，进一步增强了学生对保护濒危动物的意识和责任感，促使他们将这一理念付诸实际行动。

（二）反思与改进

在展示环节，应更加尊重学生的自主决策和创造力，不应限制学生只使用海报展示。学生可以自主选择各种展示方式，例如拍摄 vlog（视频日志）并配音、制作动物模型并介绍、撰写英文微信公众号文章，以及利用信息技术制作电子书等。评价环节也可以调整为教师与学生共同商讨评价标准，确定评价指标和占比等。这样的做法不仅尊重了学生在学习中的主体地位，让他们充分行使自主决策权，还重视了学生的多元发展，激发了学生的创造力，使其更积极主动地参与到课堂学习活动之中。

（本案例由刘一涵和白茹老师提供）

第九章

尊重进阶课程的实施评价

课程评价是依据一定的课程价值观或课程目标,通过系统地收集信息并进行分析和解释,从而对课程方案及其效果进行价值判断的过程,其目的是对课程的优点和价值进行判断。对特色课程的评价可以与表现性评价相结合,注重情境设置,布置问题情境,为学生的表现提供机会。在评价过程中,应重点关注学生解决问题和完成任务的过程,关注他们在学习过程中的兴趣、参与度、创新及对知识的综合运用等,以便充分发挥课程评价对学生发展的良好导向作用。

第一节　尊重进阶课程的评价原则

尊重进阶课程的评价涵盖了对学生知识与能力,情感、态度和价值观的评价,以及对教师在尊重进阶课程设计、组织和实施方面的评价。评价旨在揭示尊重进阶课程实施过程中存在的问题,为改进和提高教育成效提供依据。

一、评价功能的导向性和发展性

评价有诊断、激励、反馈等多种功能。在尊重进阶课程实施的评价中,我们将导向和发展功能视为评价的核心功能,将育人作为评价的终极目标,坚持以核心素养为导向,以学生发展为本位,通过对尊重进阶课程实施的评价,发挥"以评促学""以评促教"和"以评促改"的作用,不断改进课程的实施,从而有效发挥促进学生学习与发展的功能。

二、评价规则的明确性和透明性

评价规则是学生行动的指南和风向标。制定简明扼要、清晰明了的评价规则,并将其与学生共享十分重要。其中,评价规则中的评价指标和标准要与国家课程标准要求及具体课程的目标保持一致。

三、评价内容的综合性和全面性

尊重进阶课程的学习评价，其内容应包括学生的学习态度、参与程度、学习内容掌握、核心素养发展等各个方面。最终，应对这些内容进行综合评价。评价必须在尊重进阶课程的实施中进行，并以教师和学生在课程实施中的实际表现为主要评价内容，评价要充分考虑教师或学生的具体情况，各个学习阶段的终结性评价结果要成为下一阶段尊重进阶课程实施的起点。

四、评价方法的多元性和灵活性

教师应针对不同学段学生的不同学习内容选择合适的评价方法；要从社会、家庭、学校、教师、学生等不同评价主体的视角进行评价，可以采取学生自评、同伴互评、教师评价、家长评价等多主体评价，评价时要灵活，可综合运用各种评价方法，如表现性评价、纸笔测验、任务性评价和展示性评价等。

五、评价过程的真实性和完整性

在尊重进阶课程实施过程中，对学生进行评价时，无论是学生自评、同伴互评还是教师评价或是家长评价，都要保持客观、公正的态度，真实而准确地反映或记录学生的各类学习表现；要对学生学习的全过程进行综合评价，而非一次性的、针对部分内容的评价，评价的过程要体现真实性和完整性，目的是通过真实、全面和完整的评价，有效促进学生的反思与改进，引领学生走向自信、自立和自强。

六、评价反馈的及时性和适宜性

评价的反馈要及时、简练、中肯、易于理解、有针对性、有指导性和鼓励性；要与学生之间进行良好的沟通，及时、中肯、有针对性的评价有利于学生较为准确地解读评价的结果，有利于提醒学生认识自己的不足并及时改进，也有利于学生明确自己今后的努力方向，促进其形成健康的成长型思维。

七、评价安排的系统性和计划性

在评价的安排上，我们应该对所有的评价进行全面而系统的规划，从而使得评价不至于失范、失控，给学生和教师造成不必要的负担。

在尊重进阶课程的实施过程中，按照《义务教育课程方案（2022年版）》的要求，我们强调了教、学、评的一体化。在实施评价时，具体课程的评价可根据既定的课程目标，对学生通过该课程应发展的核心素养进行凝练，由此提出评价的指标体系，考查学生的知识掌握和素养发展状况。根据学生的身心发展特点，设计评价的工具和方法，利用行为评价表、实验报告、学生作品、档案袋等对学生的发展进行全方位评价。此外，根据对学生评价的结果，还可定期对尊重进阶课程的内容设计进行修订和完善，以不断提升该课程的品质。

第二节　尊重进阶课程的评价方法

可以采用多种方法进行尊重进阶课程的评价，一般包括观察评价法、访谈评价法、问卷评价法、测试评价法、课程作业或项目实践评价法及档案袋评价法等。

一、观察评价法

观察评价法是指教师直接观察并记录学生日常行为表现的评价方法，适用于评价不易量化的行为表现，如兴趣、爱好、态度、性格、习惯等。具体形式有体验观察记录法、间隔追随记录法和事件分析记录法。体验观察记录法是指长时间的参与式体验观察，通过跟踪、观察、交流了解学生的所思所想。间隔追随记录法是在规律性的、可预见的时间间隔中记录个体的行为表现。事件分析记录法则要求在符合预设定义的事件发生后立即完成一系列标准化表格形式的等级评价量表及描述性项目记录。

二、访谈评价法

访谈评价法是指课程实施教师通过与学生、其他教师、家长、专家等进行交流，以更全面地了解学生的评价方法。在实施尊重进阶课程的过程中，对学生进行访谈需要注意保护其隐私，这样才能取得学生的信任，并保证访谈内容的真实性，从而做出客观、正确的评价。

三、问卷评价法

问卷评价法通常采用自我报告量表的形式，主要用于学生社会、情感、元认知等方面的自我评价。现成的量表包括 PISA 项目推出的自我报告问卷、卡罗尔·德威克（Carol Dweck）开发的成长型思维评价工具、安吉拉·达克沃斯（Angela Duckworth）等开发的毅力量表等。如果教师不使用现成的量表，而是根据学生的实际情况自行设计，则必须对设计的自我报告量表进行信度和效度的检验，以确保其可信度和测量结果的有效性。

四、测试评价法

教师既可以使用传统的测试方法来简单测试学生对所学知识和技能等的掌握情况，也可以通过情境判断测试来增强测试的情境性和互动性，从而更好地评价学生的问题解决能力。

五、课程作业或项目实践评价法

这一评价方法主要用于评估学生综合运用各种知识和技能的能力。作业或项目的类型可以多样化，如科学研究类、文本分析类、创意作品类、口头表达类等。每种类型的作业评价应该包含三部分：结果、任务和评分规则。结果是指希望学生达成的学习目标；任务是学生需要完成的"作业"，这是为完成的作品提供指向目标结果的直接证据；评分规则是对学生学习成果的测量，主要包含评分领域、表现等级及等级标准三项内容。在这一评价过程中，教师可以利用各种资源为学生创设一定的社会化情境，使学生在特定的"角色"或"身份"中完成某一项作业或任务。例如，教师可以让学生参与到社区正在进行的一些项目中，并将学生的最终成果进行展示，最后推举最优方案或综合各个方案，将其运用到实践中。

实施这一评价法的注意事项：

1. 对于需要通过小组合作来完成的作业，学生应平衡好团队和个人之间的关系。

2. 学生是否可以寻求外援，可以根据评价的目的来予以确定。

六、档案袋评价法

档案袋评价法是通过收集学生的表现及相关反馈，以监控和评估学生个体的表现和发展。这种评价方式尤其关注学生的动态发展和多元化成长方式。教师可以为学生创建过程型、成果型或综合型的数字成长记录档案，并在档案袋生成之前对其进行结构化或半结构化的设计。

尊重进阶课程关注的是学生在环境中的体验、探究及其认识与表现、分析和解决问题的意识与能力的发展。这种对学习过程的关注摒弃了仅仅依靠纸笔测验的单一评价方法。为了对尊重进阶课程的实施过程和实际成效做出全面而科学的评价,必须综合运用包括纸笔测验、行为观察、成长记录袋、情景测验、学习或教学笔记与反思的评价方法。主要通过自评、同伴互评和教师、家长评价对学生的表现与发展进行评价,以促进学生形成相应的品格和关键能力。

第三节 尊重进阶课程的评价案例

尊重进阶课程的尊重自然维度包括走进自然、探究自然和保护自然三个层次,对应1~3年级、4~6年级和7~9年级。在小学科学课中,涉及探究自然的单元有很多,如植物、植物的生长变化、生物与环境等。基于这些内容,教师设计了一门植物栽培课程,该课程让学生有机会直观地感受植物的生长过程,并学习更多关于植物的科学知识,掌握简单的种植技能,培养学生的耐心、责任心及观察、比较等多方面的能力,充分发挥尊重自然教育的综合育人效果。小学科学课教师杨博文对此进行了有益的探索。

一、基于走进自然的评价体系

为了让学生更好地走进自然,杨博文老师将"尊重自然"维度下的种植课程与北京市中小学生植物栽培大赛相结合。她登录种植比赛官网,为学生录入信息,并让学生自主选择要种植的植物。选择完毕,学生就能进入自己的个人主页,按照播种期、发芽期、长叶期、开花期和结果期的提示上传种植记录。通过参与栽培大赛,学生的种植过程可以得到评价,使他们了解并跟踪自己的种植进展。这种做法旨在借助实践活动,让学生亲身体验自然,增进对大自然的了解和尊重。

新课程标准强调了课程评价应遵循的基本原则,即应注重日常表现和阶段性综合评价相结合的原则。在植物栽培课程中,还有教师将之与北京市第三届"金蕊"自然笔记作品征集活动相结合,鼓励学生绘制自己种植的植物,通过绘画记录植物的成长过程,并进行阶段性的综合评价。

教师们还密切关注学生在特色种植课程中的点滴进步,如收集相关植物资料、将各种素材(如种植过程、趣事、成果收获、分享等)制作成微电影、文章、图片、视频、论文、PPT等各种形式的作品,然后在班级微信群、科技竞赛群、种植课程群中分享。这样,学生可以在互相观摩、欣赏和评价的过程中体会参与的乐趣,同时让家长了解学生关注植物生长的过程,并愿意放手让孩子参与这些活动,为更好地开展学生的种植课程评价活动打下基础。

根据每个学段的内容要求和活动安排,教师们开展了相关评价,从科学观念、科学思维、探究实践、态度责任等方面全面评价学生,以促进学生核心素养的发展。基于学业质量标准和学业要求,让学生明确课程内容的学习目标,指导学生用自评的方法发现学习过程中的问题和薄弱环节,分析原因,并通过自我反思找到更好的学习方法,以评价、改进和优化教学过程。

强化过程评价,关注个体差异,根据评价结果发现教学过程中存在的问题,研究有针对性的改进措施;寻找教学目标达成度不高的原因,从教学目标的合理性、教学方法的科学性、课程实施的有效性等方面进行全面评价与分析,根据评价结果改进教学方法和课程实施过程。

学段内容要求和活动安排如下[①]。

第一学段（1～3年级）

内容要求:

1. 根据实际情况,种植和养护1～2种太空种子。
2. 结合具体的植物养护活动,观察植物的生长发育情况与生活习性。
3. 知道身边常见植物的养护方法。

活动安排:

1. 学校利用现有资源组织、指导学生依据植物的特性进行科学养护。
2. 引导学生记录植物的生长情况,以一个月或一学期为一个周期。
3. 开展种植成果展示和经验分享活动。

第二学段（4～6年级）

内容要求:

1. 种植和养护1～2种太空种子,体验太空种子种植的一般过程与方法。
2. 遵循植物的一般生长规律和季节特点进行科学劳动,熟悉植物生长发育规律和生长习性。
3. 开展科学观察记录,会观察、会记录、会描述、会分析、找规律。

活动安排:

1. 充分利用航天育种园地资源,指导学生制定种植方案,开展实践,做好记录。
2. 让学生了解航天育种现代化种植技术,如立体农业、无土栽培等,体验技术进步对农业发展的促进作用。
3. 采用项目式学习的方式开展学习与实践,将学生亲历劳动实践与现代农业

[①] 胡卫平. 教、研、评三力合围,科学学科如何有效贯彻课标要求 [EB/OL]. (2022-07-08)[2024-02-20]. http://news.sohu.com/a/565120113_100194097.

技术考察、探究结合起来。

尊重自然维度的栽培课程评价量表如表 9.1 所示。

表 9.1 尊重自然维度的栽培课程评价量表

评价项目	评价指标	评价类型	项目分值	评价者	评价均值
种植态度	对种植有热情,认真参与,善于合作,主动思考、研究植物的奥秘	过程性评价	20	教师评价 自评 同学互评	
获取知识	了解植物的相关种植常识及管理方法	过程性评价 终结性评价	20	教师评价 自评	
实践体验	能积极参与种植体验,正确使用工具,熟练掌握劳动技能,灵活运用综合知识解决问题	过程性评价	20	教师评价 自评 同学互评	
成果展示	能运用自己喜欢的方式记录种植的过程,过程性资料齐全;能分享有一定指导意义的种植经验;自信大方	终结性评价	20	自评 家长评价	
劳动创新	实践过程中,结合学科知识,制作创意作品	过程性评价 终结性评价	20	教师评价 自评 同学互评 家长评价	

二、基于探究自然的评价体系

根据《义务教育课程方案（2022 年版）》的要求，课程实施教师应以课程目标和学业质量标准为依据，构建一个基于素养的综合评价体系。这种评价体系应该关注学生在探究和实践过程中的真实表现与思维活动，充分发挥评价的诊断、激励和促进作用。为了提高评价的科学性、专业性和客观性，应充分利用信息技术，并强调主体多元、方法多样、内容全面，充分调动学校、教师、学生等多主体参与评价的积极性[2]。基于这些原则，我们进行了基于探究自然的评价探索。

通过将课程评价与太空种子种植小能手比赛相结合，学生可以通过参与种植活动、观察记录和撰写小论文或研究报告，初步了解航天育种的科学知识，并掌握播种技术、移栽定植技术、植株整理技术及控水、追肥、控光等技术。他们能够说出植物种植的关键期——播种、苗期、开花坐果期、结果期的科学管理技术，并能使用工具进行科学测量和观察。

---

[2] 中华人民共和国教育部. 义务教育课程方案（2022 年版）[M]. 北京：北京师范大学出版社，2022.

在活动中，学生可以根据对整个种植过程的记录和观察，总结自己的种植过程和成果，并向同学和教师展示，从而增强他们的获得感、成就感和荣誉感。

尊重自然维度的栽培课程阶段综合评价表如表 9.2 所示。

表9.2 尊重自然维度的栽培课程阶段综合评价表

探究内容	参加的劳动项目	劳动时长	劳动表现
种植活动	栽培	16周	种植及展示
栽培周			
参与的项目	项目概述		
植物栽培课程	学习植物栽培和日常管理		
栽培成果			
成果名称	成果简介		
手抄报、自然笔记、论文、照片等	运用多种形式展示栽培的植物		
栽培测评			
测评任务	任务表现		
综合素养	全程参与种植养护，成果展示效果突出		
阶段综合评价结果	A 优秀 B 良好 C 合格 D 不合格		

尊重自然维度的栽培课程中栽培任务的评价标准如表 9.3 所示。

表9.3 尊重自然维度的栽培课程中栽培任务的评价标准

核心素养	主要表现
观念	积极、愉快地参与种植
能力	成果展示设计合理，积极参与种植和日常管理
习惯和品质	认真完成栽培任务，注意力集中，爱护植物
精神	遇到困难努力解决；对展示作品要求高，精益求精

本课程是针对小学高年级学生劳动素养的表现性评价，要求学生以小组为单位进行分工合作，种植植物。整个过程包括植物选种、种植、培育和展示等步骤。活动成果要求如下。

1. 团队成果

（1）选择一种适合在校园内种植的植物，并用图表形式说明其适合种植的理由。

（2）分析种植该植物可能需要用到的原料与工具，并解释为什么该植物是最优选择。

（3）成功培植所选择的植物，并与其他同学分享成果。

2. 个人成果

（1）记录整个劳动过程。

（2）就如何更好地种植所选择的植物提出相关建议。

（3）在这一过程中，需要学会使用网络搜集有关植物种植的材料和信息，以及学会使用常见的种植植物的农具。

围绕劳动素养的四个核心要素制定评分规则，并将其细分为不同水平，以确保教师能够根据评分标准对学生进行准确的评价，同时让学生根据这些标准反思自己的劳动素养发展情况，从而实现以评价促进素养发展的目标。表9.4是以学生在蔬菜种植这一劳动环节中所要发展的劳动素养制定的具体评分规则。

表9.4 具体评分规则

表现水平	劳动素养			
	劳动观念	劳动能力	劳动习惯和品质	劳动精神
水平1	按要求完成蔬菜种植，遇到问题不相互指责。	需要在同伴帮助下使用农具种植蔬菜。	需要在同伴监督下处理种植过程中产生的垃圾。	不能主动承担种植任务。
水平2	认可自己的蔬菜种植工作，理解从事蔬菜种植工作的艰辛。	能选择合适的农具种植蔬菜，并有意识地总结实践经验。	自觉处理种植过程中自己所产生的垃圾。	有意识地承担自己的种植任务，努力付诸行动。
水平3	主动赞美同伴种植蔬菜的劳动成果，积极承担种植任务。	主动发现种植需求和问题，科学地使用农具种植蔬菜。	主动处理种植过程中团队产生的垃圾，具有爱护环境的意识。	辛勤付出劳动，主动提出创新种植蔬菜的初步想法。
水平4	发自内心认可团队的劳动成果，尊敬从事蔬菜种植的劳动人民。	规划设计种植活动，服务同伴，科学、高效地种植蔬菜。	带领同伴处理垃圾，具有爱护环境和吃苦耐劳的劳动精神和习惯。	积极探索蔬菜种植的创新技术，具备艰苦奋斗和勇于探索的精神。

三、基于保护自然的评价体系

（一）建立健全课程管理运行机制

为建立健全课程管理运行机制，明确各部门的职责和权限，确保整个管理系统能够有效运行。教师采用了小组教学的方式，并选出了小组长，明确了他们的权利与义务。同时，教师还利用学校的达人币、星耀课程卡、神通卡等进行奖励。学生通过头脑风暴提出了关于保护自然的合理化建议或模型，并进行了成果展示。小组学习记录表如表9.5所示。

表9.5 小组学习记录表

小组名称		星 级	☆☆☆☆☆
组　　长		组　员	
研究过程			
具体分工			
研究形式			
成果展示			

（二）充分利用信息技术加强评价管理

以宏观的栽培记录上传和观察论文写作等方式进行保护自然的引导与管理。同时充分利用信息技术，建立信息共享系统和信息库，确保管理的灵活性、开放性和流通性。例如，可以与栽培官网相结合，借助相关工具，设计保护自然的电子宣传海报，并通过 3D 打印等方式展示作品，探究保护自然的具体措施。

四、多种评价方式在尊重自然维度栽培课程中的运用

在栽培课程中，学生使用放大镜观察身边的常见植物，并绘制不同植物的外部形态特征。他们尝试在观察过程中做自然笔记，如观察植物茎中水分的运输。同时，在种植植物时，了解植物的基本生存条件，并探究水、阳光、空气、温度和肥料等因素对植物生长的影响，例如研究水对种子萌发的影响。通过种植一株植物并观察和记录其成长过程，学生能够亲眼见证常见的植物从生到死的生命过程。

在种植过程中，教师不仅关注学生的知识技能，更注重培养他们尊重自然的观念、习惯、品质和精神；不仅要关注尊重自然的成果，还要关注尊重自然的过程。在评价方式上，注重平时表现与学段综合评价相结合，定性评价与定量评价相结合。评价主体以本学科教师为主，同时也鼓励学生、其他学科教师和家长等参与评价。

采用尊重自然任务单、清单和档案袋等工具进行栽培课程的评价。任务单用于记录栽培任务的设计方案、尊重自然的表现、成果和体会等信息；清单则记录学生参与尊重自然活动的情况、技能掌握情况和习惯养成情况，以及他们的自我反思和他人评价。尊重自然档案袋用于有目的地收集一段时间内学生尊重自然学习和实践的材料，包括种植过程的照片和视频、尊重自然的成果、日志、自我反思和他人评价等内容。

针对不同学段的学生，可以灵活使用多种方法进行评价。例如，1~2 年级的学生可以使用绘本、日志、星级自评和贴小红花等方式来体现尊重自然的过程和感受；3~6 年级的学生可以采取尊重自然叙事和作品展示等方式来记录过程[③]。图 9.1 是部分学生作品。

---

③ 中华人民共和国教育部. 义务教育劳动课程标准（2022 年版）[M]. 北京师范大学出版社, 2022.

第九章 尊重进阶课程的实施评价

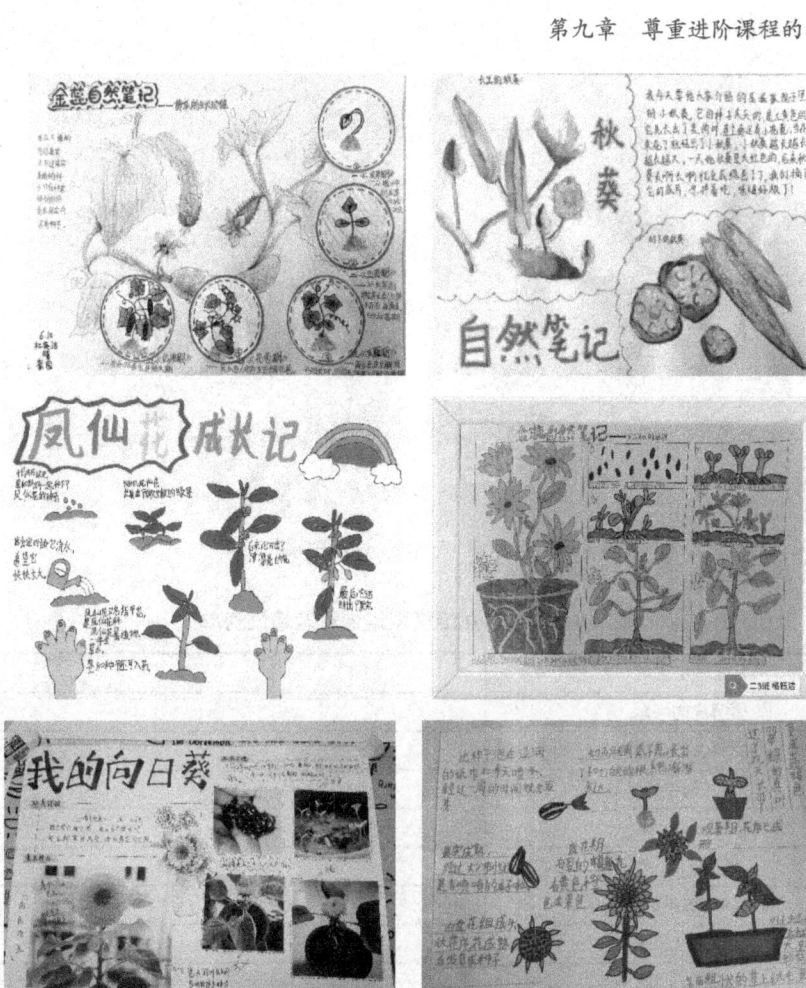

图 9.1 部分学生作品

尊重进阶课程的设计与实施

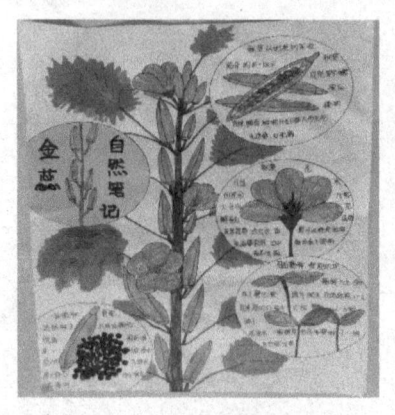

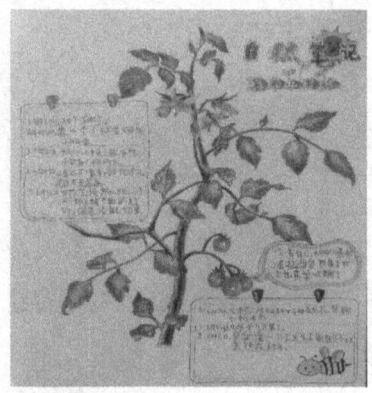

图 9.1　部分学生作品（续）

尊重自然维度栽培课程栽培任务单如表 9.6 所示。

表 9.6　尊重自然维度栽培课程栽培任务单

栽培任务名称	
要解决的问题	
所需材料、工具与设备	
方法与步骤	
团队成员	
完成时间	
栽培计划或设计方案	
栽培过程记录	
栽培成果	
栽培体会	

尊重自然维度栽培课程的栽培评价指标如表 9.7 所示。

表 9.7　尊重自然维度栽培课程的栽培评价指标

项目内容	评价指标			
	栽培参与		栽培技能	
	偶尔参与	经常参与	基本掌握	熟练掌握
参与绿植养护				
其他				
体会				
家长整体评价				

尊重自然维度栽培课程植物栽培记录表如表 9.8 所示。

第九章　尊重进阶课程的实施评价

表 9.8　尊重自然维度栽培课程植物栽培记录表

姓名：　　　　　班级：

我用的培植方法（在格中画"√"）			水　培	土　培	水晶花泥培
观 察 日 期	是 否 浇 水	是 否 出 根	叶片数量	茎 节 数	其他变化

通过尊重自然维度的栽培课程，学生能够学会关心和照顾身边的动植物，初步形成关爱生命、热爱自然的意识。结合具体的植物养护活动，通过观察植物的生长发育情况，了解身边常见植物的养护方法，可以培养学生对植物的喜爱之情。学生具有了种植和养护常见植物的愿望，初步了解常见植物的养护方法，并认识到种植活动与自然界的紧密联系。他们能够表达参与农业劳动后的快乐，初步具备关心和照顾身边常见植物的责任心和农业生产安全意识，并理解"劳动需要长期坚持"的道理。教师指导学生根据植物特性进行科学养护，并引导他们使用摄像设备、测量设备等工具及图画、文字等方式记录植物的生长过程，如图 9.2 所示。学生将以一个月或一学期为周期开展种植成果展示和经验分享活动，逐步形成了关爱生命、尊重自然的观念和遵循植物生长规律与季节特点进行科学劳动的观念。

图 9.2　用图画记录种子生长过程

在种植过程中，学生学会了与他人合作劳动，不怕困难，并养成了有始有终的劳动习惯，懂得了"一分耕耘，一分收获"的道理。他们充分利用家庭场地，如阳台、庭院等进行植物种植，并根据地域特点和科学课程内容选择相关植物进行种植。教师将指导学生制定劳动方案，开展实践，并做好记录。

此外，学校还邀请了相关专家参与指导，并组织参观现代化种植基地等活动，让学生了解目前的现代化种植技术，体验技术进步对农业发展的促进作用。活动指导注重引导学生系统思考，关注农业生产发展、技术发展，爱护植物，并进行太空种子种植漫画设计（见图9.3）和制作。同时，收集过程性资料，进行过程性评价。

图9.3 学生作品

课程评价是教育改革的重要内容之一，它直接关系到学生的学习效果和教师的教学质量。在学校内设立植物角，开发利用植物课程资源，进行尊重自然的课程设计与实施，不仅可以使学生获得简单的种植知识和技能，体验种植的研究过程和乐趣，还可以激发他们探究、创新的兴趣与欲望。通过动手栽培植物，观察种子从萌发到开花结果的全过程，学生可以体验劳动的辛勤与快乐，并在种植、观察、记录和管理的过程中养成细心和持之以恒的良好习惯。在尊重自然的栽培课程中，设计种植课程评价体系，不但为学生搭建了积极的成长空间，而且有利于引导其成为亲近自然、探究自然、热爱自然和保护自然的合格公民，最终实现我校尊重教育的目标。

（本节中的案例由杨博文老师提供）

第十章

尊重进阶课程实施的保障机制

尊重进阶课程的实施是一项系统工程，涉及大量的教育资源和相关人员，面临着各种各样的困难和挑战。学校和教师作为课程实施的主体，不仅需要深刻理解尊重进阶课程的顶层设计，更需要学校建立保障该课程实施的有关制度与机制，并提供方方面面的条件保障。

第一节 营造尊重进阶课程实施的氛围

尊重进阶课程的研发、实施与评价是一个民主的过程，需要各利益相关者之间进行平等、真诚的对话，在开放、民主的氛围中达成对课程研发与实施的共识。为了确保尊重进阶课程方案的全面实施并达到预期效果，我校努力营造了浓厚的民主和开放的实施氛围。

一、积极开展跨学科的教研活动

我校中小学各教研组结合"各门课程用不少于10%的课时设计跨学科主题学习"的实施要求，积极开展跨学科对话和校本教研活动。一方面，大家共同研究学情，分享课程研发的资源与经验；另一方面，根据各年级学生的特点和"四维度、三进阶"的主题设计，分工合作，选择合适的主题内容进行联合研发。在此过程中，教师们一起探讨尊重进阶课程的主题选择、内容编排、实施策略和评价方式等。这样，教师们研发的尊重进阶课程更加符合学情，主题课程的内容也更加多样化和个性化。在这样的共同研讨和交流中，课程的研发与实施不断深入，课程品质也得到不断改进和提高。

二、建立课程管理与服务的运行机制

我校管理团队以课程管理与服务为目标，积极与任课教师进行及时沟通，了

解课程研发与实施的进展情况，并协助解决课程研发与实施中遇到的困难和问题。为此，我校成立了由校长、副校长、课程中心、课程教学中心主任和教师发展中心主任等组成的"北京教育科学研究院丰台学校尊重进阶课程建设工作领导小组"，明确了职责分工和任务，并强化了课程纲要审议、课程研发、课程实施和课程评价等环节的领导与优化管理。

我校尊重进阶课程建设工作领导小组的主要职责包括：负责尊重进阶课程的管理和决策，研究制定尊重进阶课程的方案并实施。此外，还负责建立尊重进阶课程研发和管理的相关配套制度，协调校内外资源及年级组、教研组在课程研发与实施中的各项工作，审议尊重进阶课程研发过程中的重大决策，检查与督导相关制度的执行与落实情况，并提出改进意见。

校长负责九年一贯制课程的整体设计和尊重进阶课程的顶层设计工作。副校长和课程教学中心主任则具体负责中小学"四维度、三进阶"尊重进阶课程的研发、整合、实施和评价工作。而学生发展中心主任则重点负责综合社会实践、主题班队会、道德与法治课等与尊重进阶课程的整合与实施工作。课程教学中心主任负责尊重进阶课程的学科深度融合、10%课时跨学科的主题课程研发与实施及评价工作。后勤服务中心主任负责相关的课程资源供给、设备配置和经费保障等工作。年级组长、教研组长和备课组长分别配合有关中心做好尊重进阶课程的主题选择、课程内容研发及实施和评价工作。

三、建立开放的课程研发与实施保障机制

我校逐步建立并完善了课程研发、课程实施和课程评价的相关制度，包括但不限于课程研发与实施的研究制度、成果评选的奖励制度、教师专业发展规划与专业发展档案制度等，以确保尊重进阶课程体系的建构和完善，以及尊重进阶课程研发与实施的有效落地。表 10.1 为我校尊重进阶课程研发与评估表。

表 10.1　尊重进阶课程研发与评估表

申报教师		课程主题选择			
课程性质	（选修/必修）	预计课时数		授课对象	
选择尊重进阶课程主题的评估	学生现状的需要				
	教师发展的需要				
	学校育人目标的需要				
	课程资源的分析				

第十章　尊重进阶课程实施的保障机制

(续表)

课程目标的预设	
课程内容的选定	
课程实施的建议	
课程评价的建议	
评审意见	

我校积极与外部教育资源单位、社区、家长、课程专家等进行交流，全面了解尊重进阶课程在落实中存在的问题和需要改进的地方，并获取关于尊重进阶课程研发与实施的最新意见和建议，有力地促进了课程研发与实施的不断完善。

第二节　尊重进阶课程实施的资源支持

课程资源的研发程度直接影响了课程实施的深度和广度，特别是对课程内容的丰富性和教学活动组织方式的多样性产生直接的影响。因此，课程资源是决定尊重进阶课程能否有效实施的重要条件，学校只有确保课程资源的有效开发与利用，才能促进该课程的有效实施。

一、课程建设的物力资源支持

我校从经费、时间、空间及其他设备和物资等方面为尊重进阶课程的开发和实施提供了实实在在的支持与保障。

（一）课程研发经费保障

在制定尊重进阶课程实施方案时，我校对该课程的研发与实施进行了科学的顶层设计，并规划了研发与实施过程中所需的相关经费。同时，在课程评审过程中，经费预算也是评审内容中的一项。为了保证该课程研发、实施与评价的有效落地，我校每年都会安排固定的课程研发与实施经费预算并予以保障。

（二）物理空间课程资源支持

我校规划有两个校区，实行"六三"学制背景下的"五四"分段管理。小学部（1~5年级）在阳光星苑校区，占地12000平方米，建筑面积为10280平方米；南庭新苑校区是中学部（6~9年级），占地24301平方米，建筑面积为14400平方米，空间资源充足。

作为课程资源的一部分，我校充分利用了所有的空间资源进行课程与教学工作。首先，我们统筹学校的图书阅览资源，充分发挥班级图书角、阅览室和开放式阅览空间的作用，为学生提供了丰富的阅读空间和图书资源。其次，我们统筹科学和技术课程资源，建立了先进的科学专用实验室、化学实验室、生物标本室、生物实验室、物理电学实验室、物理力学实验室、太空种植实验室、计算机教室和劳技教室等，为科学基础等课程的实施及对学生进行科技教育提供了良好的条件。再次，我们统筹美术、合唱、音乐和舞蹈等专用教室，为各类艺术课程的实施提供了专业的空间，还把钢琴摆放在教学楼大厅，方便学生随时弹奏和展示。此外，我们还统筹学术报告厅、党员活动室、团队活动室、心理健康咨询室和资源教室等空间资源，为德育主题教育活动的实施提供了充足的空间支持。另外，我们还统筹中小学体育馆、操场、地下体育活动区、中小学篮球场、羽毛球活动区等运动课程空间，为各类专业体育项目提供了场地支持。最后，我们加强了普通教室的文化设计和班级图书角建设，充分发挥了普通教室的课程育人作用，使其成为多功能教室，进一步拓展了我校课程实施的物理空间。以上空间资源的充分利用也为尊重进阶课程的实施创造了十分有利的条件。

（三）社会课程资源支持

校外的课程资源可以起到良好的辅助和补充作用，我校广泛利用图书馆、博物馆、展览馆、科技馆、企业和研究院所等丰富的社会资源及自然资源，引导和帮助学生与学校以外的环境互动，推动了尊重进阶课程方案在真实情境下的有效实施。

我校充分挖掘家长及学校周边"外脑""外场"的优势资源，积极寻求与阳光星苑社区、南庭新苑社区、南苑一分地种植园、北京星光影视基地、南苑机场、东高地科技馆、中国运载火箭技术研究院、中国抗日纪念馆、长辛店"二七"大罢工纪念馆、中国汽车博物馆等的有效合作，结合综合社会实践活动课程和开放性科学实践活动课程的实施，在充分利用市教委统一提供的有关单位的课程资源的基础上，自主联系一批社会课程资源单位，主动寻找实施尊重进阶课程的资源支持。

（四）课程设备资源支持

我校按照智慧校园的顶层设计，分阶段实施了智慧校园建设规划，实现了中小学两校区无线网络的全面覆盖。为教师统一配备了台式和笔记本电脑办公设备，并建立了学科教学资源库。各教室均配备了触摸屏和投影设备。与北京市中学生综合素质评价管理平台、社会实践活动和开放性科学实践活动课程管理平台、学生学籍管理平台、教师继续教育学习与管理平台等各类平台对接，为各校区安装了广播系统和网络系统，开通了全校的无线网络，配置了学校网络信息设备，建立了中小学课改实验室。为方便英语听说训练和机考测试，为学生配备了耳机，准备了机考设备和软件并建立了英语机考专业教室；同时为学生学习相关学科课程配备了必要的学具和实验用品。此外，学校还鼓励师生，自主制作开展个性化学习所需的教具和学具等。以上课程设备资源有效满足了尊重进阶课程实施与评价所需。

二、课程建设的人力资源支持

发挥北京市专家资源优势，积极引入外部专家力量，特别是在北京师范大学杨明全教授团队和北京教科院课程中心、基础教育研究所、基础教育教学研究中心等专家学者的支持下，通过专家引领提高了尊重进阶课程建设的质量和水平。

学校组织全员课程培训，积极提高管理者的课程领导力和全体教师的课程研发与实施能力。这使得我校干部和教师在课程价值定位、课程规划设计、课程研发、课程实施、课程评价导向、课程管理决策、课程整体推进、课程特色创新等多方面的能力得到了全面提升。

学校大力支持教师参加专业素质提升活动。选派教师参加市区级讲课、说课、讲座，选派教师前往德育一体化课程建设先进校进行考察学习。积极协调北京师范大学教育学部、北京教科院、丰台区教委、丰台分院课程中心、丰台教科院和政府教育督导室的有关专家到校指导课程建设工作；加强校本化特色课程、校际及集团间的互动交流，及时总结经验，发现问题，不断改进，以完善我校尊重进阶课程的实施方案和课程纲要，创造性地推动了尊重进阶课程方案的落实工作。

校内的课程资源包括教师和学生开发的资源、学校内部设施的资源、教材的配套资源等。教师们灵活将教学内容与尊重进阶课程进行有机整合。学生的经验也是一种课程资源，通过本课程的实施，教师们认识到任何主题课程只有与学生的生活经验相结合并转化为学生内在的经验，才能最大化地实现尊重进阶课程中各主题教育的价值。在课程实施的过程中，教师们有选择地使用校园内部的设施资源与教材资源，并积极对可利用的文字、图像、实物资料进行二次开发，以符合尊重进阶课程的目标要求，进一步增强了尊重进阶课程的丰富性和多样性。

三、课程建设的网络资源支持

疫情期间，网络资源的开发与利用达到了一个新的高度。网络资源的有效利用，打破了校内与校外课程资源的界限，使得课程资源的广泛交流和共享成为现实。

在网络资源支持方面,一是充分利用国家中小学智慧教育平台,利用其优质的教育资源,加强了课程研发与实施的研究与交流,为教师研发尊重进阶课程提供支持。二是借助北京市教育大数据平台和统一门户"京学通",与教育资源单位建立了紧密的网络联系。三是建立跨区域尊重教育行动研究公益联盟,并通过在线会议的方式,加强与其他学校的研讨与交流,实现了课程开发与实施的资源共享,有力推动了"尊重教育"理念下的课程改革,特别是助力了建设尊重进阶课程方面的探索与合作。

我校通过建立健全尊重进阶课程建设与实施的组织机构与管理运行机制,加强尊重进阶课程研发、实施与评价的校本化研究,优化尊重进阶课程实施的过程管理,并为该课程的建设与实施提供了充足的人力资源、物力资源等保障,有力推动了尊重进阶课程在各年级的实施,有效促进了立德树人根本任务的落实。

第三节 推动教师专业能力建设

尊重进阶课程的研发与实施较为复杂,教师兼具课程研发者和实施者的双重身份。此外,课程的目标、模式、结构和内容的确立都需要参与者具备较强的专业性,因此,教师的能力水平将直接影响到尊重进阶课程能否有效地研发与实施。为此,我校从教育观念、理论素养、教学技能、育人评价等多个维度着力提升教师的课程实施能力,提倡教师更加关注具体教育教学情境,运用现代教育教学理论,指导教师开展课程研发、实施与评价的研究,通过研究、实践和反思改进,努力提高教学和育人水平。这些措施最终确保了尊重进阶课程的有效实施。

一、加强教师专业能力建设的顶层设计

(一)将师德师风建设放在首位

我校充分尊重教师教育教学的自主权,尊重教师工作的复杂性、专业性和创造性,鼓励他们在各自的育人岗位上不拘一格,大胆创新,创造性地履行"立德树人"的教育使命。因此,我们结合新时代对教师队伍发展的新要求,以习近平总书记提出的"四有"好老师和"四个引路人"为指导,按照我校教师队伍建设的"三个三"(三高:教师要"政治站位高、道德境界高、育人学识高";三情怀:教师要有"家国情怀、教育情怀、孩子情怀";三气:教师要有"正气、大气、书卷气"。三气合为一气,即教师从教的底气)标准要求,提出了着力培育"敬业乐群、协同创新"的教师文化,致力于建设"敬业乐群、协同创新"卓越教师团队

的教师队伍建设目标[①]。

"敬业乐群、协同创新"的教师文化。敬业是指教师对工作认真负责，有责任心和耐心，对学生充满爱心，并专注于"立德树人"的本职工作。敬业体现了教师对待教育教学工作的积极态度及对工作的责任感和使命感。乐群是敬业的一种手段，指的是教师在共同的育人目标下互相帮助，真诚合作，交流分享，取长补短，相互赋能，共同进步，并形成学习与发展共同体。协同创新是指为了更好地完成立德树人的根本任务，教师们围绕育人问题一起思考，一起研究，集大家智慧创造性地解决问题，并在这个过程中实现与同伴和学生的共同成长。

（二）增强教师专业发展的动力

美国学者柏林纳和司德菲等人通过研究，根据教师教学知识和技能的学习与掌握情况提出了教师专业发展的五阶段理论，这一理论告诉我们：一名教师的专业发展需要经历新手阶段（1～2年）、熟练新手阶段（2～3年）、胜任阶段（3～4年或5年）、业务精干阶段（5年及以上）和专家阶段（8～15年）。依据这五阶段理论，我校对教师的专业发展提出了"入格—合格—升格—出格—风格"五个层级（见图10.1），并依照这五个层级，建立了教师梯级发展的激励机制，进一步完善了教师专业发展的制度设计。

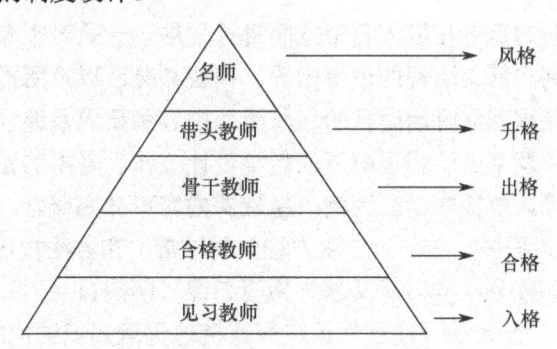

图 10.1 教师专业发展梯级进阶图

在此基础上，我们指导所有教师制订了三年专业发展规划。教师个人发展规划由个人简介、今天的我、明天的我、专业发展规划的年度目标分解、执行与反馈情况五部分构成。个人简介含基本情况、学习经历、工作经历、我的教育价值观、三年专业发展目标、我的教育格言等。自我分析部分（今天的我）主要是结合家庭背景、成长经历、工作岗位和工作环境，客观分析自己的知识、能力、性格品质和专业素养进行综合分析，主要从个人发展突出优势、目前存在的不足、

---

① 张广利. 尊重教育的生成与发展[M]. 北京：首都师范大学大学出版社，2023.

面临的发展机遇和挑战四个方面进行分析。个人专业发展规划部分（明天的我），主要包括自己内心的发展愿望、追求的目标，期望达到怎样的职业发展及职业幸福状态，展望"明天的我"，分为专业理念与师德、专业知识、专业能力三部分。

专业发展规划的年度目标分解（分为三个学年）是针对个人愿景，思考怎样做才能使"明天的我"成为现实。具体而言，就是在教书育人方面教师想取得什么样的成果？为了达到这些成果，自己应该做什么？需要怀有什么样的态度和期望？年度目标的执行与反馈情况是指针对组织的帮助和个人的努力，教师每年需要进行的回顾、总结与展望，并针对自己的规划与措施进行必要的改进和修正，学校给予必要的指导、支持和评价。执行与反馈每学年进行一次。

在教师制订自己的专业发展规划时，我们还结合学校尊重教育的基础型、拓展型和个性化课程实施的实际需要，激励教师制订一专多能的复合型发展规划，积极实施教师专业发展的 1+1 发展工程（即教师除教授一门基础型课程以外，至少还要学会教授一门拓展型或个性化的课程），进一步完善了教师梯级发展和复合型教师发展的激励机制。教师专业发展的自我规划和学校的教育引导与激励，进一步增强了教师专业发展的动力。

（三）加强教师关键能力建设

教师的关键能力需要在以下几个方面进行发展。一是对本专业课程的理解程度。教师需要深刻理解该课程的理论指导、模块划分，以及所需的能力和教学方式等，并在撰写课程理解时明确目的和范围、内容和要求及课程进程和关键点等内容。二是熟练掌握基于课程理解下的教学设计工作。基本的课型包括新授课、复习课和讲评课等。以数学学科为例，新授课内容可分为概念、原理（如数学中的公式、性质等）、程序（如一元二次方程的解法等）和方法技巧（如解答一些题目的通用法则）等部分；复习课又划分为明细课（明确自身的知识疏漏点对应的模块及认知维度）、温习课（通过知识疏漏点梳理整章知识结构的脉络）、数分课（对测试数据进行分类整理，帮助学生自行制订复习计划）和析题课（通过对知识要素的整理寻找解决大综合题通用法则）等部分。在每个课型中，教师还需要从目标、内容、技术、形式、活动和效果等方面进行撰写。三是准确地进行学业质量评估，包括对学业和教学的评估，并持续改进学生的学业质量。四是分析影响性因素，如学业负担、学习方法、学习态度、学习动机或家庭背景等。五是为学生提供一对一的指导。只有不断深入理解以上内容，教师才能发展学习力、研究力及实践力，在这种对课程研发、实施与评价的深度理解和不断的实践与反思中，教师才能逐步成长为一名成熟的专家型教师。

教师关键能力如图 10.2 所示（以数学教师为例）。

第十章 尊重进阶课程实施的保障机制

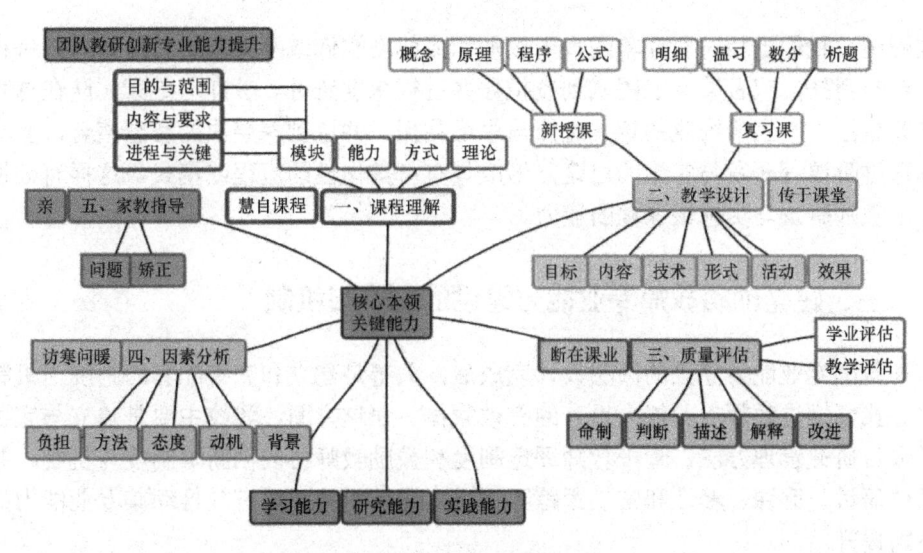

图 10.2 教师关键能力

二、建立教师全员参与课程研发与实施的制度与机制

这一保障机制不仅要求教师主动转变教育观念和教学角色，还要求学校积极组织相关的培训和校本教研活动。同时需要建立专门的课程专家咨询机制和行政督导小组，以推动课程的研发与实施工作，从而确保尊重进阶课程的有效落地。

（一）落实课程研发与实施的项目负责制

我校建立了以教研组和备课组为基本单位的尊重进阶课程研发与实施项目组，这有助于教师结合"四维度、三进阶"的主题，选取与对应主题相关或相近的内容，并共同研究如何做好深度融合。此外，我们还结合10%课时跨学科的主题设计，建立了跨学科尊重进阶课程项目组。项目组采取自由组合或由项目负责人召集的方式，形成独立的研究团队，大家分工合作，遇到难题时集体研讨、攻关，共同推进该课程的研发与实施工作。

（二）建立教师参与课程研发与实施的全员深度校本教研制度

这里的"全员深度"是指参与教师教研的状态，即项目组成员"全员卷入、全面卷入、全程卷入、全方位卷入和深度卷入"[1]课程的研发与实施研究。在这个

---

[1] 杨明全, 等. 学校课程建设与综合化实施——基于北京市中小学的实践与探索[M]. 北京: 北京师范大学大学出版社, 2021.

过程中，我们把相对有经验的骨干教师和成熟度较低或刚入职的教师结对，进行一对一帮扶，或者请专家团队到校指导并进行深度研讨。教师与专家团队在这种研究氛围中产生多维度的智慧碰撞与思维共振，并达到深层次的智慧整合，厘清尊重进阶课程研发与实施的思路，形成具有可操作性的流程或模式。这样有效提高了教师研发与实施该课程的能力。

三、建立推动教师专业能力建设的制度与机制

教师专业能力建设的顶层设计完成后，关键是建立和完善配套的制度与机制并寻找好推进教师专业能力提升的有效载体。在这方面，我校主要是建立与完善了项目研究管理办法，骨干教师评选制度和鼓励教师协同创新等制度与机制，并通过研讨、磨课、赛课和常规跟踪听评课指导等措施，以有效推动其专业能力的不断提升。

（一）常态化推门听课和课后评课跟踪指导

在日常的尊重进阶课程实施过程中，中小学课程教学中心和学校教师发展中心结合教师选择的主题及研发的主题课程，通过常态化的推门听课方式，检查尊重进阶课程的实施情况。对于发现的问题，利用课后时间及时与教师进行研讨交流，并开展即时性评价。这种方式旨在肯定优点，找出不足，并提出改进建议，同时加强跟踪指导。

（二）开展的"一人一课"尊重进阶课程和主题班队会展示课活动

在每学期的"一人一课"展示之前，教师开始选择主题，并在此基础上进行尊重进阶课程的设计。我校邀请北京教科院或北师大教授参与评审并提出改进意见。待教师修改后，再进行课堂展示。"一人一课"展示后，教师们一起研讨并进行改进，以此不断优化尊重进阶课程的设计、实施与评价工作，进一步提高了该课程的实施效果。

（三）结合尊重进阶课程的研发与实施，积极开展教师读书活动

一方面，我校根据需要阶段性地为教师购买部分专业书籍；另一方面，每一位教师每学期向全体教师推荐阅读书目。同时，学校教师发展中心通过线上和线下的方式开展教师读书交流活动，实现了资源共享。

（四）制定项目研究管理办法，实施项目带动策略

以项目研究为依托，组建教师项目研究团队。教师们从"尊重教育"办学理念下尊重进阶课程实施的实际问题出发，做好立项项目的选择、申请与备案。项

目内容的确定原则上以尊重进阶课程方案为依据，由教师结合自身在尊重进阶课程研发与实施中的实际问题和自身优势提出，根据项目的内容分别报中小学课程的中心或学生发展中心审批。教师可以单独申报项目，也可以与其他教师合作申报。每个项目设定一名负责人。项目负责人的确定采取自荐和推荐相结合的方式，由学校研究后公布。每学期对项目研究过程进行阶段性评价。每学年结束时，我校课程中心将根据项目实施取得的成果进行评价，并给予不同程度的奖励。

（五）开展"学生欢迎和受益程度问卷"调查

每学期进行教师满意度调查，其中一项内容是针对尊重进阶课程实施情况的问卷测评，每学期都会对问卷测评的结果进行逐项分析，找出不足之处，并由教师及时改进和完善尊重进阶课程的设计、实施与评价工作。

（六）开展"我最喜爱的老师"和"教师尊重之星"评选活动

我校制定了"我最喜爱的老师"和"教师尊重之星"的评选办法，并将教师研发与实施尊重进阶课程的情况纳入评选依据通过将学生和家长参与评选，有效激发了教师开展该课程研发与实施的积极性。

（七）建立骨干教师评选制度

学校将教师参与尊重进阶课程研发与实施的成果纳入骨干教师评选的内容，骨干教师的评选原则上每两年进行一次，实行动态管理。在培养期内，教师发展中心按照"课题带动、任务驱动、考核促动"的工作思路，实施骨干教师研训行动、导师带教计划，落实师带徒、青蓝结对等措施，积极支持教师参加区级"春苗、春雨、春风和春晖"行动计划、市区级"一师一优课、一课一名师"，评选及"青蓝杯""师慧杯""创新杯"等比赛活动，全方位、多层次、多渠道地开展骨干教师的培养工作。我校每年都对骨干教师的师德表现、履职情况、示范引领作用的发挥等方面进行考核，考核采用个人自评、工作小组考核、领导小组复核相结合的方式进行。考核合格者享受骨干教师津贴。这一制度的实施进一步完善了教师专业发展的激励机制。目前，我校已经形成了由45名骨干教师组成的市区校三级骨干教师团队，有力支撑了尊重进阶课程的研发、实施与评价工作。

（八）建立了鼓励教师协同创新的制度

我校积极引导教师对课程研发、教学模式、作业设计、增值评价和班级管理方式等进行改革与创新。通过开展基于项目的行动学习、基于案例的情境学习、基于改进的反思性学习和基于满意度的问题解决学习，充分发挥了教师开展课程研发与实施的创造性，有力促进了"敬业乐群、协同创新"教师文化的形成。

第四节　机制创新提供的制度保障

尊重进阶课程的设计与实施是一项创新性的工程项目，需要投入大量的人力、物力和财力。在学校设备不足、经费短缺、教师教学任务繁重及教师编制紧张等情况下，课程实施会遇到许多挑战和困境。为了有效保证这一课程的落实，需要加强党组织对该课程研发与实施的全面领导，并从内部和外部两方面提升动力，以避免陷入上述困境。

一、加强党组织的领导，确保课程研发与实施的方向性

课程研发与实施的研究是一种行动研究，其性质决定了该研究旨在实现九年义务教育的育人目标，并在实践中不断改进。这样有利于将立德树人的根本任务落实到教育教学的全过程。在实施尊重进阶课程的过程中，党组织认真履行领导职责，引领教师全员参与设计与实施，家长和社区志愿者也积极参与其中，使得"全员、全过程、全方位"育人的理念得以落到实处。这样，党组织的领导贯穿于教育教学的全过程，实现了对育人价值导向的"全员、全程、全方位"领导，确保了党的教育方针的有效落实。

二、转变观念，激发内在动力

尊重进阶课程的实施是落实立德树人根本任务的校本化途径，是实施"全程、全员、全方位"育人的关键举措，是一项对学生培养具有重要意义的任务，关系到每个学生未来的发展与成长。该课程实施的目的在于满足学生的成长需求和促进学生全面而有个性的发展，并最终实现"有理想、有本领、有担当的'尊道敬学、立己达人'的阳光少年"的培养目标。

学校领导、中层管理干部和教师站在落实立德树人根本任务的高度来认识和理解尊重进阶课程的研发与实施工作。并结合教师专业发展规划的落实和2022年4月颁布的《义务教育课程方案（2022年版）》，进一步转变全体教师的育人观念和教学理念，明确责任分工，优化课程研发与实施的运行机制。同时将尊重进阶课程的实施纳入教育教学研究和管理的重要议程，并将其融入新版课程方案的落实，加强有效整合，努力实现深度融合。在此基础上，我们不断完善我校的尊重进阶课程，进一步厘清新课改背景下该课程实施的思路、落地的有效路径和实施策略，才能真正激发学校领导和教师的参与动力，从而生成了更加符合我校

历史与特色的尊重进阶课程，进一步提升了尊重进阶课程的实施质量。

三、建立激励机制，激发外部动力

在短期内无法增加人员数量和改善设备的情况下，最有效的驱动力是对尊重进阶课程实施的成果进行表彰和奖励。表彰与奖励是对能力的肯定，这两种方式能够激励教师追求更高的目标并取得更好的成绩。

在尊重进阶课程的研发与实施过程中，我校采取了多种激励措施。首先，将一体化课程的设计和落实与评优、岗位晋级、职称评定和绩效工资激励等多方面相结合，建立了激励机制。其次，我校还开展了课改月度人物的评选活动，并将教师参与尊重进阶课程研发与实施的情况纳入评选条件。对于在该课程研发与实施中取得成效的教师，我校会及时给予肯定与鼓励，并以海报的形式展示获奖教师的画像和获奖理由，以此作为榜样。这样，加强了尊重进阶课程研发与实施的过程性激励。

此外，我校还会定期组织尊重进阶课程研发与实施研讨会、座谈会，并对学生进行问卷调查，以便及时发现并解决课程研发与实施中存在的问题，优化过程管理。同时，定期邀请北京师范大学杨明全教授团队和北京教科院专家到校指导，专家团队通过听课、评课等方式，与教师就尊重进阶课程的研发与实施进行研讨。这些专家的专业指导不仅解答了教师在课程研发与实施中的困惑，而且激发了教师研发与实施该课程的热情，进而促进了教师的专业发展。

以上措施的实施，有力地推动了教师高效、优质地完成了尊重进阶课程研发与实施的目标任务，并最终取得了显著的成效。

后记
尊重进阶课程建设永远在路上

2015年建校之初，我们按照北京教科院对实验校提出的"在普通的社区办不普通的学校，在普通的学校办不普通的教育"的办学定位要求，在对所招生源和家长进行调研诊断的基础上，经全体教师讨论、研究，一切从建校和本地的文化实际出发，结合对中华优秀传统文化的传承和学生未来发展的思考，确定了"尊重教育"的办学理念和"有理想、有本领、有担当的'尊道敬学、立己达人'阳光少年"的培养目标，力求尊重每一个学生，激发每一个学生的潜能，使每一个学生成为最好的自己。

在办学的基本问题确立后，我们先后研制并讨论通过了学校办学章程、尊重教育的价值体系、学校发展规划等，并按照"依法办学、自主管理、民主监督、社会参与"的现代学校制度建设要求，建立与完善了我校内部治理体系。按照尊重教育"尊重自己、尊重他人、尊重社会、尊重自然"的四个维度设计了由"基础型课程、拓展型课程和个性化课程"构成的尊重进阶课程体系，提出了以"问题导学、少教多学、自主思学、合作互学"为特征的以"学"为中心的课堂改革主张，并把实施尊重教育作为推进课程改革的行动基点，开始了以问题为导向的尊重教育的行动研究与实践探索。

为加强我校德育一体化的课程建设，我们按照尊重教育的四个维度，结合学生的年龄特点和"尊重教育"办学理念下落实立德树人根本任务的要求，从2018年6月开始研制《北京教育科学研究院丰台学校"尊重教育"特色课程纲要》，初步形成了尊重教育特色课程——尊重进阶课程。2019年6月，我校在总结前期经验的基础上进一步研制了《北京教育科学研究院丰台学校"尊重进阶课程"方案》（1.0版本）。为促进该课程实施的有效落地，我校成立了推进尊重进阶课程研发与实施的组织机构，由中小学课程教学中心和学生发展中心通力合作，定期组织开展尊重进阶课程研发与实施的校本教研活动。同时，聘请北京师范大学杨明全教授和北京教科院的有关专家到校指导该课程的建设工作，并取得了实质性突破。

2021年4月，为推进教育的高质量发展，丰台区启动了学校品质提升工程，我校申报了"深化尊重教育行动研究、助力品质提升"的研究项目，并获得批准，我校成为丰台区首批品质提升校支持对象。以此为契机，我们在原来尊重进阶课程建设的基础上，继续深入研究该课程的研发与实施工作，并研制了《北京教育科学研究院丰台学校"尊重进阶课程"方案》（2.0版本）。在这个过程中，为系统梳理和总结学校尊重进阶课程研发与实施的实践探索经验，我编著了本书作为成果。本书从尊重进阶课程研发的背景与依据、目标与策略、一体化设计、实施路径到尊重自我、尊重他人、尊重自然、尊重社会的案例、尊重进阶课程的评价及资源支持等多方面，全面、系统地总结了我校德育一体化课程——尊重进阶课程建设的探索情况。全书共分为十章，包括尊重进阶课程研发的背景与依据、尊重进阶课程建设的总体目标与策略、尊重进阶课程的一体化设计、尊重进阶课程的实施路径、"尊重自我"维度的尊重进阶课程案例、"尊重他人"维度的尊重进阶课程案例、"尊重社会"维度的尊重进阶课程案例、"尊重自然"维度的尊重进阶课程案例、尊重进阶课程的实施评价、尊重进阶课程实施的保障机制等。该书中既有尊重进阶课程的顶层设计，又有实践探索的典型案例，还有对我校推进该课程落地的机制和保障措施的阐述。可以说本书完整地呈现了我校尊重进阶课程从设计、研发、实施、评价到保障和不断改进的全过程。在这一过程中，北京师范大学的杨明全教授团队一直给予指导，教师们也倾注了自己大量的心血，贡献了许多课程实施的智慧。从严格意义上说，这本书不是我写出来的，而是在杨明全教授团队的指导下，我和我的同事们脚踏实地地做出来的，是杨明全教授团队和我校干部教师团队集体智慧和汗水的结晶。

在本书即将付梓之际，我十分感谢与我一同创建这所学校的中层以上领导班子成员，以及全体教职工。正是有了他们的团结合作、奉献拼搏和研究创新，我们这样一所普通社区的新建校才能在短短几年的办学实践中脱颖而出，并成为一所家长满意、学生喜欢、社会认可的区域优质学校。在这里，我要特别感谢北京师范大学杨明全教授及其研究团队的引领与帮助。尽管杨教授平时工作十分繁忙，但当他听说我要出版办学品质提升项目研究成果时，仍欣然为本书作序。同时，我非常感谢中国工信出版集团的董事长朱师君、电子工业出版社基础教育分社长张贵芹等领导和专家，他们为本书的出版做了大量的指导与编辑等工作，在此一并表示诚挚的谢意！

我校尊重进阶课程的研发和实施自启动以来，虽然在某些方面取得了很大进展，有力促进了育人方式的转变和立德树人根本任务的落地，但由于篇幅和水平所限，教师们在课程研发与校本化实施过程中的许多创新做法尚未完全呈现出来。书中呈现给广大读者的尊重进阶课程实施的基本路径、策略方法和提供的案例可能还存在这样或那样的不足，敬请各位同行、专家和广大读者赐教。

尊重进阶课程建设是一个不断完善的过程。目前，我们仍处在研究与实践的探索之中，特别是 2022 年 4 月颁布的新版义务教育课程方案和各科课程标准，也为我校推进新时代背景下的高质量发展提出了新的挑战。面对新形势、新任务和新挑战，我们在尊重进阶课程的研究与实践探索中还可能会遇到这样或那样的困难和问题。因此，我们的尊重进阶课程建设永远在路上。我们期待着与更多研究这方面的同仁一道，共同做好尊重进阶课程的研发与实施工作，深入探索学校特色课程建设的有效路径和策略，以更好地落实立德树人根本任务，践行好"为党育人、为国育才"的初心使命。

张广利

2023 年 8 月 26 日于北京

创建尊重教育特色　培育阳光少年

北京教科院丰台学校尊重教育课程方案

（扫描二维码即可查看）

参考文献

[1] 中华人民共和国教育部. 义务教育课程方案（2022年版）[M]. 北京：北京师范大学出版社，2022.

[2] 中共中央办公厅. 关于建立中小学校党组织领导的校长负责制的意见（试行）[R/OL]. (2022-01-26) [2024-02-20]. https://www.gov.cn/zhengce/2022/01/26/content_5670588.htm.

[3] 教育部等六部门. 义务教育质量评价指南[R/OL]. (2021-03-04) [2024-02-20]. http://www.moe.gov.cn/srcsite/A06/s3321/202103/t20210317_520238.html.

[4] 习近平. 坚持中国特色社会主义教育发展道路，培养德智体美劳全面发展的社会主义建设者和接班人[N]. 人民日报，2018-09-11.

[5] 翁铁慧. 大中小学课程德育一体化建设的整体架构与实践路径研究[J]. 上海师范大学学报（哲学社会科学版），2018(9).

[6] 中华人民共和国教育部. 中小学德育工作指南[R/OL]. (2017-08-22) [2024-02-20]. http://www.moe.gov.cn/srcsite/A06/s3325/201709/t20170904_313128.html.

[7] 赵其辉. 北京南苑机场——中国航空史上的第一[N/OL]. 北京日报，2022-03-11 [2024-02-20]. https://news.bjd.com.cn/2022/03/11/10053331.shtml.

[8] 张广利. 尊重教育的生成与发展[M]. 北京：首都师范大学出版社，2023.

[9] 张景焕，朱德民. 尊重教育[M]. 山东：中国石油大学出版社，2007.

[10] 王伟. "尊重教育"在学校教学管理中的实践[J]. 现代中小学教育，2011(11).

[11] 张广利. 教育是明天[M]. 福建：福建教育出版社，2013(10).

[12] 中华人民共和国教育部. 义务教育道德与法治课程标准（2022年版）[M]. 北京：北京师范大学出版社，2022.

[13] 张广利. 尊重教育校本课程体系的建构与探索[J]. 中小学校长，2020(3).

[14] 杨明全，等. 学校课程建设与综合化实施——基于北京市中小学的实践与探索[M]. 北京：北京师范大学大学出版社，2021.

[15] 张广利. 尊重的力量——一所学校的教育价值追求[M]. 福建：福建教育出版社，2020.

[16] 教育部课题组. 深入学习习近平关于教育的重要论述[M]. 北京：人民出版社，2019.

[17] 张广利. 在普通社区办高质量教育[J]. 基础教育论坛, 2020 (5).

[18] 张熙, 等. A-S-K 课程的理论与实践——核心素养培养的实验研究[M]. 北京: 中国人口出版社, 2017.

[19] 胡卫平, 等. 学思维活动课程[M]. 北京: 外语教学与研究出版社, 2011.

[20] 张广利. 突出"学"为中心, 把课堂还给学生[J]. 教育家, 2021 (10).

[21] 中共中央办公厅、国务院办公厅. 关于进一步减轻义务教育阶段学生作业负担和校外培训负担的意见[R/OL]. 2021-7-24 [2024-02-20]. http://www.moe.gov.cn/jyb_xwfb/gzdt_gzdt/s5987/202107/t20210724_546566.html.

[22] 胡卫平. 教、研、评三力合围, 科学学科如何有效贯彻课标要求 [EB/OL]. 2022-07-08 [2024-02-20]. http://news.sohu.com/a/565120113_100194097.

[23] 中华人民共和国教育部. 义务教育科学课程标准（2022 年版）[M]. 北京: 北京师范大学出版社, 2022.

[24] 金伟平. 科技种植课程: 让品格提升"落地生根"[J]. 教育研究与评论（小学教育教学）, 2019 (7).

[25] 中华人民共和国教育部. 义务教育劳动课程标准（2022 年版）[M]. 北京: 北京师范大学出版社, 2022.

[26] 张广利. 校本课程开发的实践与思考[M]. 福建: 福建教育出版社, 2013.

[27] 张广利, 等. 办学生喜欢的学校——差异教育的校本行动研究[M]. 重庆: 西南师范大学出版社, 2015.

[28] 陈瑾. 阶梯式课程设计与实施[M]. 上海: 华东师范大学出版社, 2010.

[29] 董泽华, 蒋永贵. 指向劳动素养的表现性评价[J]. 人民教育, 2022 (10).